漢字文化の世界

藤堂明保

角川文庫
22107

目次

Ⅲ　風土と生活

Ⅳ　社会と思想

I　伝説と歴史

一　歴史に先立つ太古の中国

河（黄河）と江（長江）

中国の北寄りの地区には、チベット高原から発した黄河が、なんどもカギ型に大きく屈曲しながら流れている。今日の蘭州（ランシュウ）の北で↱型に曲がり、内モンゴルの南境で↱型に折れて東に進み、山西省大同の西方でまた↴型に曲がって南下する。そしてこんどは、西安（シーアン）（かつての長安）と洛陽（ラクヨウ）の間で↳型に屈曲して東へと進み、ついには渤海（ボッカイ）に流れこむのである。旅客機に乗って六千メートルの高さから大地を見おろすと、カギ型に曲がる黄河の姿がよくわかる。今から三千年前の古い文字では、「可」という字をカギ型（ㄱ）で書き表した。それに「さんずい」をそえたのが今日の「河」という字になった。太古の人たちは、いくたびかカギ型に屈曲して、その曲がりかどにさしかかると、激流がかみあいきしみあって、カー、カーとはげしい摩擦（マサツ）を起こすことを知っていた。そこで今日の黄河を河（カ）と呼んだのであった。

河（＝黄河）は全長五千四百キロ、それに対して長江（むかしはたんに江と呼び、近世の外国人たちは揚州（ヤンチヨウ）渡船口の地名にちなんで揚子江（ヤンツー）と呼ぶ）は黄河よりも長くて全長五千八百キロ、これもチベット高原に源を発する。ふしぎなことに、黄河と長江との源は、パエンカラ山脈を間にはさんで、わずか三百キロしか離れていず、その峡谷に人影もなき温泉が湧いているそうである。「工」という字は、上下の二線の間をたて線がつらぬいたさまを表し、「ぶちぬく（＝攻）・つらぬき通す（＝扛）」という意味である。それに「さんずい」をそえたのが江という字であるから、これは中国大陸を東西に貫通する流れ――という意味を表している。太古の中国人は、長江が大地をつらぬく大河であることを知っており、それを江と名づけたのであった。大昔の人たちが、巨視的に地理をみる目をもっていたのは、ふしぎなことである。

黄河と長江との間、いわゆる「華中」のまん中を、西から東へと流れて東海に注ぐのが淮河（むかしは淮と呼んだ。滙と同じでうねうねと回流すること）である。その長さは一千キロ、中国では第十八番目に位するが、それでも日本の利根川（三百キロ余）の三倍はある。

山岳と砂漠

中国の北部から西北にかけて、大陸に太い帯を巻かせたように、ゴビ（モンゴル語で、小石の荒野のこと）と砂漠とが広がっている。

河を尋ねては　地の尽きんことを愁え、

　磧を過ぎれば　天の低きことを覚ゆ（唐の岑参）

と詠われたとおり、そこには限りない空漠がひろがる。また砂漠の南、中国の西部は、広大なチベット高原であって、三千〜四千メートルの高さであるから、私たちよそ者がチベット入りをする前には、綿密な身体検査を受けなければならない。そこには万年雪をいただく六千メートル級の高山が嶺をつらねている。黄河や長江はもちろんのこと、ビルマに流れるサルウィン河、インドに流れこむプラマプトラ河、タイにつらなるメコン川など、東アジアの大河のほとんどすべてが、秘境チベットの雪の山やまの谷間から流れ出ているのである。この大高原が東へのびる形で、四川省・雲南省・貴州省などの、三千〜二千メートル級の山脈が、大きな扇をひろげたように、中国の西南各省にはみ出ている。その余脈はさらに華中に及んで、秦嶺（陝西省）、巴山山脈（四川省）、武陵山脈（湖南省）などとなる。中国は「西高東低」の地勢であるから、

　大江は東に去り
　浪は淘い尽くす
　千古風流の人物（北宋の蘇東坡）

と詠われたように、たいていの川は東へと流れている。

　俗にいう「山区（やま地）」は、中国の面積の$2/3$を占める。それに耕作に向かないゴビや砂漠を加えて差引くと、いわゆる「農地」は全面積の一三%しかない。中国

は日本全国の二十六倍という広大な領域を持っているが、そのわりには少ない農耕地に頼って、十億の民に腹いっぱい食べてもらうだけの主食三億二千万トンを確保することは、ほんとに容易なことではない。

南の風土

淮河を境として、その北は一般に乾いていて水田には向かない。西や北へ進むほど雨量が少なくなり、内モンゴルや新疆（シンキョウ）ウイグル自治区では、降雨量が東京の$\frac{1}{10}$に満たない地方が多い。それに反して淮河以南は、日本の風土によく似ており、とくに長江流域は高温多湿で、重慶（チョンチン）・武漢（ウーハン）・南京（ナンチン）の三つの都市の夏は、「火炉子（ホオルウツ）（コンロ）でうでるようだ」と言われるほどむし暑い。長江下流の南岸は、

南朝四百八十寺
多少の楼台　煙雨の中（唐の杜牧）

と詠じられた「江南」の地である。竹林に囲まれた白壁の農家、その前の小川にはアヒルが群れている。そこには長江と並行して銭塘（セントウ）江が流れており、杭州（ハンチョウ）で海に注ぐ。この川より南では、お米が年に二回とれる。華南へ行けば、そこはもう亜熱帯に属し、芭蕉（パアチャオ）・茘枝（リイチ）（れいし）・木瓜（ムウクワ）（パパイア）などが実っている。

いわゆる「漢民族の文化」というものは、華中と華北とにおこったものである。華

南には漢民族ではない人たち（おもに越族）が、太古から米をまき、かやぶきの家に住み、魚や貝をあさって生活していた。そこは北方とは異なった別世界である。そこで私たちは、まず黄河の中流と下流とに目を注ぐことにしよう。

二　太古の黄河流域

黄土層の古代住民

今から六、七千年も前のこと、今日の陝西省から河南省にいたる黄土台地に、すでに漢民族の祖先にあたる人たちが生活していた。北中国では、秋から翌年の春にかけて、毎日のように西北から空(から)っ風(かぜ)が吹きよせる。モンゴル地方は、その当時は今日よりも緑の草原が多かったようだが、甘粛(カンシュク)省や新疆(シンキョウ)には、すでに砂漠が広がりつつあった。西北の風に乗って、砂漠の細かい砂土が東に運ばれて黄河中流・下流に舞いおちる（今でも春先には「蒙古風」が日本海を越えて日本列島の空を黄色く染めるのは、皆さんご存じのとおりである）。何万年という長い間に、陝西・河南両省の大地には、厚さ十メートルを越える「黄土層」が形成され、その間を曲がり曲がって流れる黄河は、大量の黄色い土砂をふくんで、下流に広大な黄河デルタを形成していった。またこの黄土層は長年の風雪に削られて、無数の谷と丘陵とが、しまもようをなして大地に網の目のような陰影を張りめぐらすようになった。

中国人の祖先は、黄土の台地や崖(がけ)に穴を掘り、支柱を立てて木皮と泥とで屋根をふき、六、七人の家族がその中に雑居して、女系を軸とする十軒ほどの集落を営んでいた。彼らは、丘の林や野原でとれる鳥獣をとらえ、川辺の魚をあさり、石の斧で薪を刈り、木の棒で表土を起こして粟や稷（コウリャン）をまいて、素朴な農業を営んでいた。また野犬と猪を飼いならして永い年月の間に人間になつく家畜と化し、人の住む半穴居住宅に近い一画に柵をめぐらして飼っていた。

およそ一万数千年以前の頃まで続いた長い「旧石器時代」には、人間は打ちくだいたままの石のかけらを道具にして用いたにすぎないが、今から一万年前ごろになると、打ちくだいた石片を磨いて刃をつけ、形をととのえるようになった（二次加工した石器を「新石器」と名づける）。とくに中国では、手で持つがわに穴をあける。「穴あき石器」には木の柄をつけて、革や木皮のひもで石器を柄にゆわえつけるから、仕事の能率は倍にふえる。六、七千年前の黄土台地の住人は、なかなか手のこんだ穴あき石斧、石刀、石鎌（かま）や骨製の釣針などを使っていた。

仰韶文化——みごとな彩陶

彼らはまた、黄茶色の地の土器に、黒色（たまには赤）で、円形うずまきやひし型をあしらった、みごとなもようを描いていた。それを「彩陶（彩色土器とも）」という。一九二一年に、河南省、今の洛陽の北の澠池県仰韶村から、その最初の典型が見つかったので、彩陶を代表とする古代文化の層を「仰韶文化」と呼ぶことが多い。また今日の西安（昔の長安）の東郊、半坡という丘の上の古代集落の跡は、その代表的なもので、いま集落の約1/3の上にドーム型の屋根をかぶせ、「半坡博物館」が建てられている。その庭にある像は、昔の半坡の住人が、土器で水を汲んでいる姿を復原したものである。この土器の両がわの耳に麻ひもを通して水面におろすと、初めは斜めに半ば沈んでいるが、水が入るにつれて水中で立ちあがって水が一ぱいに満ちるよう工夫されている。

先年シルクロードの東端、蘭州の博物館を見学したとき、洛陽や長安より一千キロも西方にある甘粛省・青海省（とくに大通河のほとり）からも、仰韶・半坡と同系の彩陶が出土しているのを見ておどろいた。この西方の彩陶は約四千五百年前のもので、中原（中国の中心部）からここまで彩陶が伝わるには、ずいぶん長い年月がかかったことを思わせる。しかも西方の土器には、舞いをまう人の姿や動物もようが登場し、地方的な風格（遊牧民の生活を思わせる）を帯びているのがおもしろい。

かつては、仰韶式の彩陶は、もともと西方（たとえばイランや地中海沿岸）に起こり、それがはるばると東方に旅してきた——と考える西欧の学者もいた。しかし今日、この説を信じるものはいない。測定された年代から言っても、中原各地の彩陶が六千～七千年前、それに対してシルクロード東端（甘粛・青海の両省）の彩陶のほうが、千年以上も遅れている。彩陶の文化は、東方から西へと波及したと考えざるをえないであろう。

つやつやしい黒陶

一九二八年、中国の考古学者たちが、山東省の済南の東方（歴城県の竜山鎮、城子崖）において、刃の鋭くとがった石斧、大きな貝殻で作った鎌（穂を刈りとるのに使う）、それにつやつやしい黒光りのする硬質の陶器を掘り出した。それまでの土器は、せいぜい八百度ていどの火で焼くのだが、この「黒陶」は少なくとも千度以上、時には千二百度ぐらいの高温で焼いたのである（優れた技術は後世にも伝わるもので、近ごろ河北省平山県の中山国遺跡から、紀元前五世紀、春秋時代の鮮虞中山国の王室で用いた黒陶が見つかった）。この文化の層は、今から四千五百年前にあったと推定され、やがて「竜山文化」と呼ばれるようになった。

一九三八年、人びとは、河南省安陽県に残る殷帝国の都のあと、すなわち「殷墟」の発掘を行なっているうちに、またひとつ重要な発見をした。殷は、今日からみて三千五百年前～三千年前にわたる約五百年間、華北と華中とをおさえていた古代帝国である。それは重さ数百キロを越える青銅の鼎（かなえ）を鋳ることもできた「青銅器文化」の頂点に達していた奴隷制の古代国家である。今日の安陽県は、殷の最後の都

（大邑《タイユウ》商と呼ばれた。商とは殷の人たちの自称した国名）の跡で、その王墓や埋蔵品がとくに多いのは、安陽市西北郊の小屯という地であるので、この文化の層を「小屯文化」という。考古学者は、小屯を発掘しているうちに、その地下に三つの文化の層が上下に重なっていることに気づいたのであった。

最低……仰韶《ヤンシャオ》式の彩陶
中ほど……竜山《ロンシャン》式の黒陶
最上……殷の小屯式文物（青銅器）

陶器の製法

陶土をこねて細長い帯にし、それを巻きつつあらましの形を作り、境いめをならすのが一つの方法、もう一つは、陶土を平らで薄い平面に伸ばしておき、周辺を巻きあげつつ器形を整えていく。仰韶式は手作りであるが、竜山文化においては回転円盤を手でまわしつつ、大きく小さく縁まわりを加減して形を整えていく方法が登場する。円盤を使うと陶胎《トウタイ》の厚さも形も平均し、かつ細い線が器面に残る。仰韶式では、かまど型で出入口の開いた窯《かま》を使うので、陶土に含まれた鉄分が酸化して赤茶けた酸化鉄の色になる。しかし竜山式においては、かまぼこ型の窯を使い、煙道を閉じるので、中の温度が高くあがり、陶土の中の鉄分が酸化せずに残るから灰色の灰陶となる。焼くときに陶土の中に炭分を加えてさらに温度を上げると、つやつやと光る黒陶が焼きあがる。

竜山文化

竜山文化の特色は、この黒陶と精巧な「穴あけ」の技術とである。それをめどに発掘が進んだ結果、今日までに河南省・山東省・河北省・山西省南部と陝西省の渭水流域などを中心に（つまり華中と華北）、竜山文化の遺跡三百余か所が発掘された。川辺を去ること遠からず、かつ洪水におかされることのない日当りよき丘の上に、竜山文化を生み出した人たちの集落が営まれていた。七千年前の仰韶文化の跡からは、豚と犬の骨しか出ないが、竜山文化の跡からは、そのほかに多くの牛と山羊の骨、少数の馬と鶏の骨が見つかるので、家畜の範囲も広がっている。また仰韶文化の跡から出る道具類のうちでは、農耕用具と漁猟用具とが半々であるのに、竜山文化はいよいよ農業の方へと傾斜したらしく、農具が六二・九％に及び、漁猟具は二二・八五％、ほかに、より糸をよる紡専（紡錘重し）が一〇％ほど見つかっている。

石や貝の磨きばえ、穴をあける（ひもを通して柄にゆわえつけるため）技術なども格段に進歩した。穴をあけるためには、鋭い石英のノミで丹念にこつこつとたたいてえぐるほか、どうやら金属の細い管をこすりつけて回し、砂と水とを加えてごりごりと押しこんでいった——と考えられる。それほど精巧な穴（縁が欠けていない）があいているのである。

いま河南省の黄土台地の、四千五百年前のようすを推定してみよう。集落のなかの家は、半坡（バンポオ）と似たキノコ型、やはり地下に一メートルほど掘りさげて支柱を立て、かや草で屋根をふき、南面した入口には土の階段が三段ついている。中には8の字型に二つ続いた家もある。

仰韶文化の時代には、男たちは仲間を組んで野外へ狩猟に出かけたものである。女性は家に残って、近所の木の実や柴を集め、家のまわりにわずかな畑をひらいて粟をまく。子どもを育て家を守るのは女性であるから「女系社会」が営まれる。夫は死ねば出身地の村に戻るから「夫婦合葬」はごく少ない。ところが竜山文化の時代にはいると、農業がたいせつな生活の支えになるので、男たちは石や貝に柄をつけた農具を肩にして、いっせいに野外に出ていく。陶器作りは、たぶん専業と化して村おさ（氏族の酋長（シュウチョウ））の管理下に置かれたであろう。麻のすじをほぐして紡錘の重しを回しつつより糸をつむぐ仕事は、もっぱら女性の家内労働となる。そこで経済力の中心が男の手に移って「男系社会」が生まれ、男は死んでも出身の村へ戻らず、「夫婦合葬」の形でほうむられる。氏族の酋長が権力の芽となり、時には水争い、土地争いが発端となって、隣の集落と戦うこともおこってくる。黄土の丘陵と平原とには、点々と働く人影が見え、丘の上の集落には煙がたちのぼって、一見平和そうな農村の風景が望まれるが、やがて集落が自衛し、自衛のためには婚姻で結ばれたいくつかの集落が手を組むようになる。酋長たちの上に立って統率する大酋長が現れる時代が、もう目前に近づいて来つつあった。

文献による太古の姿

『周易』（孔子が編集したという）に解説を加えた『周易、繋辞伝』（孔子門下で書かれたという）という書物に、次の文句が見える。包犠氏（＝伏羲氏とも）や神農氏は、伝説的な太古の王者（文明のリーダー）、架空の人物である。

「包犠氏の天下に王たりしとき……結縄を作りて罔罟（＝張り網や仕かけあみ）を為りて、もって佃し、もって漁す……包犠氏没して神農氏作る。木を斵きりて耜（くわ）と為し、木を揉めて耒（すき）と為す。耒耨の利、もって天下に教う……上古は穴居して野に処る。聖人これに易うるに宮室を以ってし、棟を上げ宇を下す……上古は結縄（なわの結びめで約束の印とする）して治まる。後世の聖人、これに易うるに書契（きざみ文字）を以ってす」

竜山文化のころは、まさに「穴居野処」し、「木をたたき切りねじまげて耒耜（すきくわ）となした」という時代なのである。

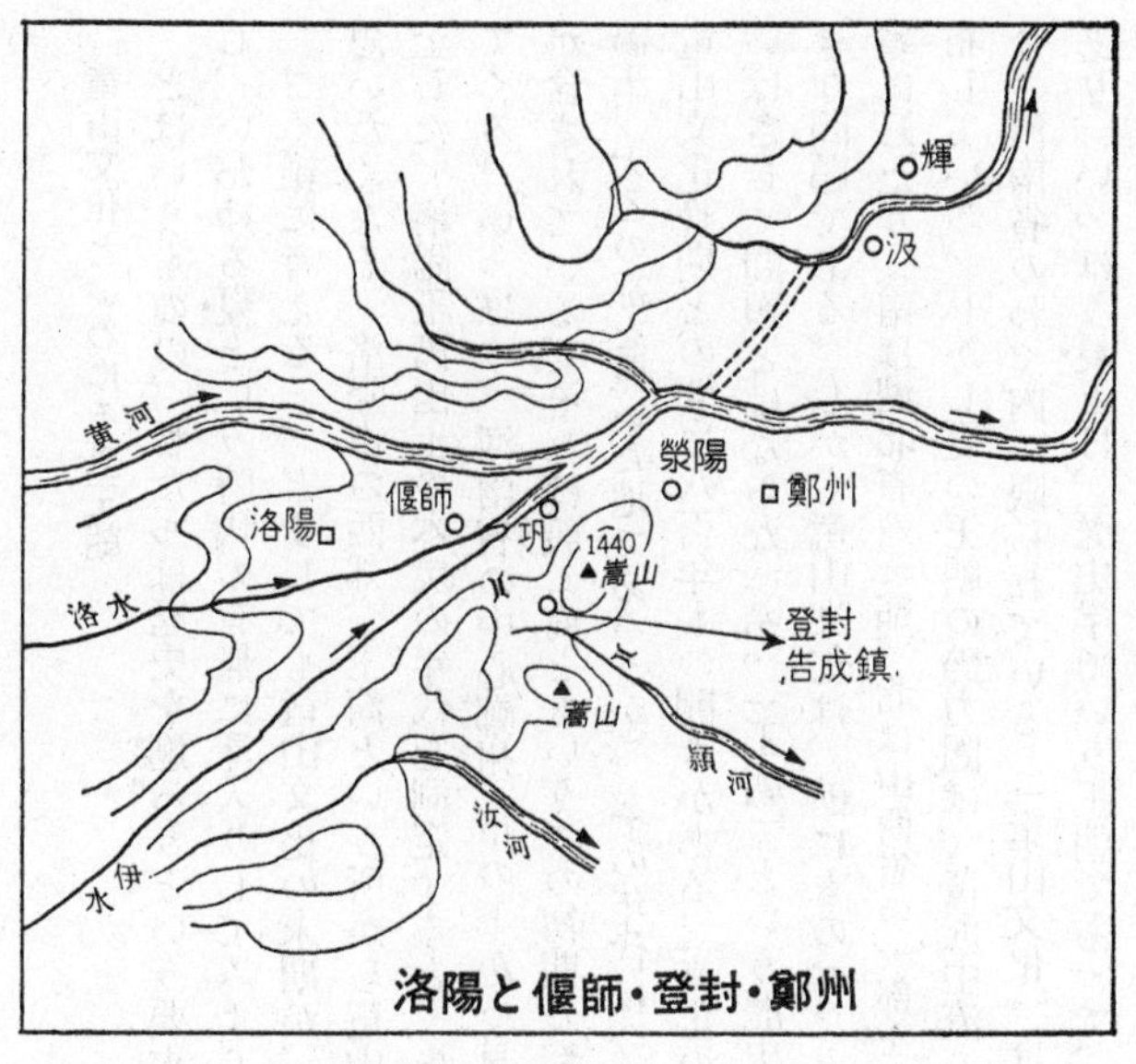

洛陽と偃師・登封・鄭州

竜山文化といわゆる夏王朝

とはいうものの、私たちは歴史を遡ろうという要求を絶ちがたい。そこでもうすこし、いわゆる夏という時代の有無に深入りしてみよう。

ごく雑に考えると、どうしても竜山文化の末期が、すなわち夏の時代に該当すると思いたくなる。洛陽市の西郊、王湾という所から竜山文化晩期の器とともに木炭が出土した。洛陽王湾出土の木炭の年代を測定すると、ほぼ四千四百年前という数値が出てくる。いっぽう、河南省の中心鄭州市の下から見つかった城壁築地の中にも木炭が含まれている。それは殷（商ともいう）の初期の都城の跡だと考えられるが（殷の湯王、大乙の都を置いた地であろうか）、その年代は今からほぼ三千六百年前にあたる。竜山文化晩期との間に八百年もの開きがある。文化の層から言うかぎり、八百年ぐらいはさして問題とはならないが、「王朝」という歴史的な観点からいうと、それは大きな問題である。しかも竜山文化は、前にものべたとおり、東は山東省から西は陝西省にわたり（南は湖北省の一部、北は山西省の一部をもふくむ）、広大な華中全体に分布している。しかし夏の王朝の勢力圏は、黄河中流の洛陽～鄭州のあたりを中心とし、今の河南省のわく内に限られている。「竜山文化」は考古学でいう文化の層の一つであり、いっぽう夏とは、歴史学でいう王朝であって、もともとその概念が違うのである。しかし、竜山文化の末期、その文化の一翼をになった部族連合が興って、洛陽東の偃師県あたりに王庭を置いた可能性はかなり高い。その王朝を夏と呼んだのである。

文献による夏の物語

いま漢の司馬遷が『史記、夏本紀』の中で述べた伝承のあらましを紹介してみよう。夏の后禹の子は啓という。その母は塗山氏の女である。有扈氏（いま西安のそばの戸県）が服従しなかったので、啓は甘の地で大いに戦い、これを滅ぼした。啓の子の太康は羿に追われたので、昆弟五人が洛汭（洛水の入りこんだ川辺）で帰りを須ち、「五子之歌」を作った。夏の系譜は次のとおりである。

禹の子啓─┬太康（羿に追われたが、羿も寒浞に殺された）
　　　　　└中康─相（寒浞は羿を殺してその妻を奪い、奡を生ませた。寒浞はまた王の相を追い出し、相は同族の斟尋を頼って商丘に逃げたが、奡に殺された）
─少康（奡が相の后に生ませた子）─予─槐─芒─泄
─不降─┬孔甲（このころ夏、衰う）─皋─発─履癸（桀王ともいい、殷の湯王に滅ぼされた）
　　　　└扃─廑

このうち羿（ゲイ）と寒浞（カンソク）とが夏の政権を奪った約四十年間のことについては、司馬遷はまったく触れていないが、『春秋左氏伝』の記事によって補った。羿（ゲイ）は強弓を射る名人であって、西王母から「不死の薬」をもらい受けてきたが、妻の亘娥（コウガ）（亘とは月の直径のこと。月美人という意）がそれを盗んで月へと逃げた。

彼女は、月中で不死の薬をまぜた餅（もち）を兎につかせている月美人と化した——という伝説がここから生まれてきた。

これらは伝説と史実らしい話とが混（まじ）った物語であるが、いわゆる夏の中心となったのは、今日の河南省のまん中、つまり洛陽南郊を流れる洛水と伊水のほとりであるらしい。

三　伝説と歴史の始まり

夏という呼び名

中国の歴史は、いったいどのあたりから説き始めたらよいのであろうか。王朝の順序で言うと、夏(カ)→殷(イン)（商とも）→周→春秋・戦国→秦(シン)→前漢・後漢→三国→西晋(シン)・東晋→六朝→隋(ズイ)→唐……と時代が降(くだ)るのはご存じのとおりで、前漢と後漢の間が、ほぼ西暦紀元にあたる。殷からあとは、史実を発掘によって確かめることができるが、夏(カ)の時代（禹(ウ)に始まると伝えられる）については、今なお、なかばぼうぼうたるかすみの中に浮き沈みしている。黄河の中流と上流で発掘された古代人の遺跡はすこぶる多い。それによると、黄河流域には、七千年前から、黄地に黒や赤でみごとなもようを施した「彩陶土器」を用い、半猟半農の生活を営む人びとが小集落をなして住んでいた。やや遅れて、河南省や山東半島のつけ根にあたる地方には、灰陶や黒光りのする黒陶を使う人びとが住んでいた。これらの土器の形には、のち殷周の青銅器の原型が、ほぼそろっている。今から四千年前ごろ、新石器時代の後半には、しだいに仕事が専業化し、酋長がそれを統制するようになってきた。殷の初めは、今から三千五百年前であるから、それに先立つ約五百年が、いわゆる夏の時代に該当すると考えてよい。中国最古の文献の一つである『書経』の中に、周の周公が殷人に告げたことばとして、

「我聞く、上帝は引(なが)く逸(イツ)ならんとせしも有夏は逸(気楽な平和)に適(むか)わず。則(すなわ)ち帝(かみ)は格(いましめ)を降したまう。……乃(すなわ)ち爾(なんじ)らの先祖成湯(湯王のこと)に命じて夏を革(ただ)さしむ」(多士篇)

とのべている。周公は明らかに夏→殷→周の革命を認めていたわけである。そこでまず「有夏」(有〜は古代語の接頭辞)「夏」ということばの意味を考えてみよう。頭に何かをかぶり、肩から衣を着た人間の姿を描いたのが夏という字である。夏とは「体に衣冠をかぶる」という意味である。転じて、樹木が体いちめんに葉を「かぶる」季節をも夏と称することは、ご存じのとおりである。最古の字形は、からだに甲(かぶと)をかぶったカブトムシ。

殷帝国に先立って、すでに大酋長のひきいる部族連合が生じていた可能性が多い。そこで、中国では、夏の王都の跡を探ろうとして、河南省登封(トウホウ)県、洛陽の東(伊水と洛水が合流するあたり)偃師(エンシ)県の二里頭など、すでにいくつかの候補地があげられているが、その確実性については、のちに章をあらためて説明する。とりあえずその名称について一言しておくと、おそらく夏とは、夷狄(イテキ)のように髪をばらしてなびかせた

竜山文化→夏→殷→周への器の形の系列

器名		細い觚（コ）	太い觚（コ）	爵（シャク）	鶏彝（ケイイ）→斝（コ）→盉（カ）
竜山文化中期	山東滕県岡上				
夏文化晩期	河南偃師二里頭				
殷文化晩期	河南鄭州白家庄				
西周中期	陝西長安普渡村		尊 		

り（被髪という）、蛮夷のように裸身でいたりするのではなく、衣やかぶり物を身体にまとった「衣冠の族」が現れた時代、つまり文明の名に値する生活をあみ出した時代を表す象徴的な名称であろう。のち「華夏」「諸夏」「中夏」という名で中国ふうの文明圏をさすのは、そのなごりである。

五帝本紀をどうみるか

漢の司馬遷の『史記』は、中国史の上限をぐっと押しあげて「五帝本紀」から書き始めている（『史記』は漢の武帝中ごろ、紀元前二世紀までで終る）。そのあらましは、次のとおりである。

神農氏（炎帝）―①黄帝（軒轅氏、また有熊氏）。炎帝と阪泉に戦い、蚩尤を涿鹿に破る―（子は昌意）―②顓頊（高陽氏、黄帝の孫）―③帝嚳（高辛氏、黄帝の曾孫）―④帝堯（陶唐氏）洪水はげしく、鯀と共工を用いたが、ともに治水の功なし。子の丹朱が愚かなるにより舜に帝位を譲る―⑤帝舜（有虞氏、庶民の出）十二州を開き、五刑を定め、北狄・南蛮・西戎・東夷の風俗を変ず。伯禹（夏の祖）・弃（周の祖后稷のこと、姫姓）・契（殷の祖、子姓）・泉陶・垂・益・伯夷・夔・竜などを任用。とくに禹は九河の滞流を決し、九州の地を定む―禹（夏后氏、姒姓、舜の子商均は愚かなるによって、代わって帝位に即く）

これがそのあらましである。ただし司馬遷自身も、

「学者は多く五帝を称するが、『書経』には堯よりあとのことのみをのせ、百家の黄帝を言うものがあっても、その文は雅馴(ガジュン)ではない」

「自分は西は空桐（甘粛省隴山(ロウザン)）、北は涿鹿(タクロク)、東は海辺、南は長江と淮河(ワイガ)に足を運んだが、各地の長老たちは、しばしば黄帝・堯・舜の話を口にする。そこで『春秋』『国語』の書により、古典としての価値の劣る「五帝徳」「帝繫姓」などの雑説と照らし合わせつつ、その雅なる部分のみを選んで「五帝本紀」を書いた」

とのべている。

①　↓　↓夏
②　↓　↓堯
③　↓　↓舛
　　　↓　↓舜

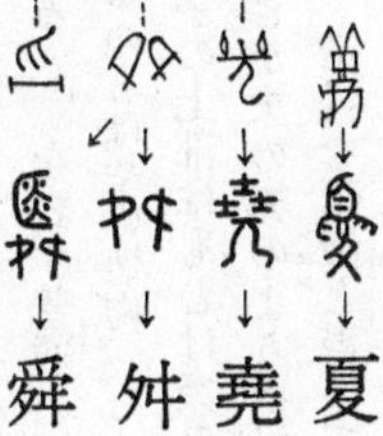

そもそも黄帝の黄とは大地の色、黄（土の精）が赤（炎の精）に勝ったという最初の記事は、戦国時代末期の五行説の影響であるから、とるに足りない。また、頁とは

「あたま」を描いた象形文字であり、顓頊というのは「端正にして玉のごとき頭→賢人」を表す普通名詞であろうから、特定の人名ではあるまい。また、堯とは、驍（背の高い馬）―嶢（高い山）―僥（高く背のびする）の親字であり、これも「背たけの高い堂々たる人」を表す普通名詞にすぎない。舜は瞬（すばやく目を動かす）―蕣（咲くのも散るのもはやい植物、むくげ）などの親字で、動作のすばやい人物を表している。舜という字の上部はもとは炎の形、下部の舛は、左右の足をバタバタさせる姿であり、手足の動きが火の光のように敏いことを表している。『山海経』という古い伝説奇談の書には、帝舜を帝俊と書いている。俊もまた、すばやいという意味である。

舜の父や弟が悪人で、舜が屋根を葺いていると火をつけ、舜が井戸をさらえていると土を落とす。そのつど、舜はすばやく難を避けた（『史記』や『孟子』にのせた伝説）というのは、舜の敏活な特性を示す物語であろう。

してみると、舜もまた特定の歴史的人物ではあるまい。その舜の王庭に雲のごとく集まったという人びと、それは、禹（夏の元祖）・契（殷の元祖）・弃（＝后稷・周の元祖）など、各王朝の伝説上の開祖である。中国でいう「八仙過海」の仙人顔揃えのような図であって、それがつくり話にすぎぬことは、言うまでもない。高天原にもろもろの神が顔を揃える日本の神話と同じ構想から作られた話である。

殷の世系

（　）内は卜辞の名　外は『史記』にしるされた名

〈先公〉一帝嚳―二契―三昭明―四相土（土）―五昌若（止若）―六曹圉―七冥（季）―八振（王亥）―九微（上甲）―十報乙（包乙）―十一報丙（包丙）―十二報丁（包丁）―十三主壬（示壬）―十四主癸（示癸）―

〈先王〉1天乙（大乙）―太丁（大丁）―4太甲（大甲）―6太庚（大庚）―9太戊（大戊）↓

2外丙（外丙）　5沃丁（沃丁）　7小甲（小甲）

3仲壬（南壬）　8雍己（己）

↓10仲丁（中丁）―13祖乙（祖乙）―14祖辛（祖辛）―16祖丁（祖丁）―21小乙（小乙）―22武丁（武丁）↓

11外壬（外壬）　15沃甲（羌甲）　17南庚（南庚）　20小辛（小辛）

12河亶甲（戔甲）　19盤庚（般庚）

18陽甲（虎甲）

24祖甲（祖甲）―26庚丁（康丁）―27武乙（武乙）―28太丁（文武丁）―29帝乙（父乙）―30紂（帝辛）

23祖庚（祖庚）　25廩辛（父辛）

祖己（祖己）

四　夏王朝は実在か

夏の都はどこに

近ごろ中国ではいくつかの考古学チームを組んで、夏王朝の中心がどこにあったかを、しきりに探索している。そのねらいはやはり河南省の中央に向かっている。そこでまず文献を手がかりとして予想を立ててみよう。

紀元後二七九年（晋の時代）に、ある人が河南汲県の墓（春秋戦国の魏の安釐王の墓と確認された）から『竹書紀年』という古代史の書物を発見した。その中に太古の夏のころについても言及している。

『竹書紀年』には「夏后氏のころ、禹は陽城に居る」と記しているが、その地がはたしてどこであるか未詳であった。ところが近年らい探索を続けていた考古学チームが、洛陽の東南七十五キロ、北は嵩山（少林寺拳法の本山）、南は箕山に囲まれた丘陵盆地にある登封県下で、㈠竜山文化晩期の遺跡、㈡鄭州の商代初期に近い文化の遺跡をあいついで見つけた。さらに同県下の告成鎮からは、春秋戦国の土城の築地を見つけて（多くの製鉄作坊のあとがある）、これが春秋戦国の「陽城」の地であると断定した。

土城は東西七百メートル、南北二千メートル、中型の城である。春秋時代には、韓と鄭の間で陽城の奪いあいがあり、秦が韓を伐ったときにもここで戦いがあった。韓の兵器は天下にその名が聞こえたものである。冶金の跡は、韓から後世の漢代鉄官（官立の冶鉄工坊）に及ぶ長い職人たちの辛苦のあとを物語っている。

次に司馬遷の『史記』には、周の武王が殷を滅したあと、洛陽に新都を造営したとき、この地方の由緒ある歴史に触れて、次のように告示したとて、古い文献を引用している。

「洛汭（洛水の入りこんだ岸辺）より伊汭に延ぶところは、居易らかにして固なし。それ有夏の居なり」（周本紀）

この文章は、現存する『書経』の中には見当らない。たぶん周代文書の逸文であろう。『史記』にはまた、夏の王朝の初期、いわゆる禹→禹を補佐したと伝えられる益→王朝二代めの啓のころの都は「箕山（『史記正義』では崇山と改める）の陽」であったとのべている。してみると、これまた前にあげた『竹書紀年』の説と合致し、その場所は、今日の登封県告成鎮（唐代には告成県）であるといわねばならない。

いっぽう、「洛汭」と「伊汭」の地とは、地図でみると、ちょうど伊水〜洛水の合流するところ、すなわち今日の偃師県二里頭という村落のあたりである。中国の考古学チームは、この地を発掘して、貴重な遺跡を掘りあてた。そこからは、建物の跡

（長方形のかなり大きな南向き家屋のある）のほか、小刀などの小さい青銅器、精巧に加工された骨刀や針、鋭く磨きあげた石のヤジリなどが出土した。今のところ、中国の学者はこの地が鄭州の殷代初期土城よりも一段と古い、殷（商とも）の草創期のひとつの根拠地だと考えているが、じつはこれが夏の末期の都であるのかもしれない。じつは、この「洛汭」については、前に引用した『史記』に、もうひとつ縁故の深い伝えがみえる――啓の子、第三代めの太康が、強力な酋長羿に追われて逃げたあと、弟五人が「洛汭でその帰りを待ちわびて歌を作った」とある――これもまんざら作り話ではあるまい。

このように考えると、夏王朝の中心は、今日の洛陽の東（または東南）、自動車で二時間以内に行ける範囲の中にしぼられてくる。すなわち偃師・登封両県のうちである。中国の「県」は、明治のころの「郡」ていどの大きさである。

いま洛陽南郊の伊水の岸から見わたすと、洛陽盆地をはさんで南と東には広い丘陵が張り出し、崇山（一四四〇メートル）が平原に障壁を立てたように紫にけむっている。西はだんだんと高くなり、崤山山脈の扇状台地につらなる。胸いっぱいに農村の風を吸いこんで叫びたくなるような悠大な景色である。今から四千年前、この丘陵平原に、夏の元祖や羿・寒浞などという大酋長が現れて、中国の大地に、はじめて血なまぐさい権力闘争の社会が登場した。そのうち、勢力の消長はあったものの、夏はどうにか王統を保って、最後の桀王に至った。その間、約五百年の歳月をへた――と考えてよかろう。

夏王朝の桀が殷の湯王に滅ぼされ、その殷は夏の都に遠からぬ東方の鄭州に、東西二・五キロ、南北四キロに及ぶ大城壁を築いて、ここに中国の歴史時代、殷王朝が本式に幕をあけたことになる。一九七四年に、鄭州市の張寨南街の下から、重さ六二・二五キロと重さ八六・四キロの四角い鼎（かなえ）が、二つペアを成して発掘された。その小さい方は、先年日本で開かれた「中国青銅器展」に出品されて、私たちを驚かせたが、文机ほどの大きさがある。偃師県二里頭の小さな青銅用具からこの鼎まで百年ほどをへたであろうか。その間に青銅を鋳る技術がいっ気に成熟したものとみえる。

殷の人たちのもともとの根拠地は、太行山脈東麓の南半分であった。（今日の地名でいうと、邯鄲・安陽・輝県・汲県など）。それがすこしく南下して黄河を南へ渡り、そこで夏の文物と出会って、急速に古代王朝（捕虜奴隷を使役する酋長たちの大連合体）として発達を遂げたのであった。

夏という王朝が実在したようだ――ということは、九分どおり認めてよいと思う。殷の湯王に滅ぼされた桀（履癸）という王の存在も、まずまず確かであろう。ただし夏の開祖にまつりあげられている禹が、はたして実在の人の名か――という点になると、それはまことに疑わしいのである。

五　虚構の聖王――禹

禹は夏の王ではない

禹(ウ)はいつごろから、中国の文献にその名を現したのであろうか。『書経』の「堯典」「舜典」「禹貢」などが春秋戦国時代の作品だとすれば、そこに禹の名が見えたとて、いま問題外として除外してよい。してみると、『詩経』の雅と頌(ショウ)とに登場するのが、最も古いものだと考えてよい。

信(のび)たるかの南山、これ禹これをし甸(テン)す（『小雅、信南山』）

奕奕(エキエキ)たる梁山、これ禹これを甸(テン)す（『大雅、韓奕』）

豊水東に注ぐは、この禹の績(てがら)なり（『大雅、文王有声』）

洪水茫茫たり、禹、土方を敷下す（『商頌、長発』）

これ后稷を生み……禹の績を纘(つ)ぐ（『魯頌、閟宮(ヒツグウ)』）

甸とは陳や鎮定の鎮と同系のことばで、平らにおちつける意。また田と同系で、平らな田畑を作る意と考えてもよい。敷とは布や普と同系のことばで、平らに伸べること。

ここでは、禹が洪水を治め山川をおちつけて、農業を可能にさせたことをたたえている。山野と水路とを適切に調整することは、農耕を可能にさせる根本である。そこで周の人たちが彼らの農業の祖とあがめる后稷（コウショク）の上に禹（ウ）を置いて、禹―后稷のおかげで農耕が栄えた、と歌うようになった心を理解することができる。

『書経』のうち全篇の末尾に近く位置する「呂刑」という一篇は、かなり新しいもの（周の穆（ボク）王が呂侯に作らせたという）である。その中に、

「伯夷は典（のり）を降し、民を折（さば）くに、これ刑をもってす。禹は主となり山川に名づけ（主名山川）稷（ショク）は播（ま）く種を降して、嘉穀を農殖す」

とある。伯夷（刑を司（つかさど）る）―禹（山川を司る）―后稷（農耕を司る）の三人が、ここに初めて名を連ねて登場した。この「主名山川」という文句を具体的に解するならば、禹は山川をめぐり歩いて、大地を測量して回った神話の主だということになるだろう。とくに山と川とを鎮め水路を開いてのち、初めて農耕が開かれる。そこで大地開拓の神はどうしても周の元祖后稷の上に置かれねばならない。こうして、周代の詩人たちは、禹―后稷を並びたたえることとなった。その神話的な存在を、実在の人間であるごとく解説しなおしたのは、孔子や孟子など、もっぱら「人間」へと重点を向けた儒家であった。

禹を人間だと解したために、「禹は夏王朝の君」だというこじつけまでも生じてき

た。しかし『詩経』でも『書経』でも、じつは「夏禹」「夏后氏禹」という表現はまったく出てこないのである。

この両書では九回にわたり禹の名が見えるが「后禹」という名称も「夏禹」という言い方も出てこない。「殷鑑（インカン）遠からず、夏后の世に在り」（『詩経、蕩』）においては、「夏后」（夏の君）と言うのみで、やはり禹の名はあげてない。「有夏、天の命に服す」（『書経、召誥』）においても同様である。また『書経』では、殷といえば必ず成湯（湯王）に言及するのに、夏のことをのべるさい、禹に言及した例がないのもふしぎである。

中国の歴史学者顧頡剛氏によると、「禹が夏の王であった」という説は、文献においては確かな証拠がない。周の始祖が后稷であり、殷の始祖が契（セツ）であるとは、『詩経』に明文があって、人びとによく知られている。しかし夏の最後の王が桀（ケツ）であることだけは明文があるのに、夏の初代の王が誰であるかについては明証がなかったのである。

ところが『論語』の最後には、

「堯が舜に告げて、『まことにその中を執れ』といい、舜もまた禹に命じて『万方に罪あるときは、わが躬（み）に（責任）ありと心得よ』と」

言ったとのべている。これは孔子学派が彼らの学統の元祖として堯―舜―禹をかかげることを宣言したものだと考えてよい。孔子学派が夏と殷とを並べて「二代」といい、また「堯―舜―禹」の三人を連ねて「三聖」と呼ぶに至ると、おのずと堯↓舜↓禹および夏↓殷の系列が念頭に浮かんで来る。そこでいつしか、禹は夏の初代の王であるという連想を生んだものにちがいない（顧頡剛『古史弁』第一冊）。『孟子』『墨子』『春秋左氏伝』のような戦国時代の書物になって、初めて「夏禹」だの「夏后氏禹」だのという表現が続出し、禹は夏王朝初代の王として、誰もが公認するようになったのである。

二人の悪役

禹という字はトカゲの形を描いている（下部は両足と尾）。三代聖王の一人がトカゲであるとは、まことに奇怪な話である。しかしそれを裏書きする証拠が、文献の中にもいくらか残っている。屈原（クツゲン）の作『楚辞』の「天問」は、屈原がある廟（ビョウ）中に描かれた神話の壁画を題材にして、いろいろな疑問を投げかけた長詩である。その中に「いずくんぞ竜虯（リユウキユウ）ありて、能（かめ）を負いてもって游（およ）ぐや？」と尋ねた一句がある。この能（かめ）（タイと発音し、クマではない）は後述する鯀（コン）のことであろう。それと並んで描かれた竜虯は、おそらく禹（ウ）のことに相違ない。そこで次に、『書経』に記された禹の治水のいきさつを、もう少し詳しくふり返ってみよう。

治水の説話　堯の時代に洪水が起こり、まず鯀（コン）にそれを治めさせたが、九年に及んでも実績があがらない。人びとが舜を推挙したので、堯は舜に位を譲った。舜は禹に命じて洪水を治めさせた。かくて、共工を幽州に流し、驩兜を崇山に放ち、三苗を三危に竄け、鯀を羽山に殛にす……帝いわく、「ああ禹よ、汝水土を平らげよ、これ務めよや！」（『書経、舜典』）というわけで、禹が鯀の失敗のあとを受けて、治水に乗り出したのである。

この話によると、禹の治水に先立ち、まず共工や三苗が放逐されている。共工は、おそらく華中にいた龔竜氏の祖神、黒竜の精であって、中原の制覇をねらって争った曲者であった。それのみか、この大洪水は共工の乱暴によってひき起こされたと伝える物語すらあった。その共工についで処刑されたのが鯀である。鯀とははたして人間であろうか。

鯀という言葉　まずこの字が魚へんを伴うことに注意すべきであろう。のち『荘子』の中に、「北冥に魚あり、その名を鯤という」（「逍遥遊」）とのべられているコンは、バカでかい鈍重な大魚である。渾沌・混沌（えたいのしれぬ）のコンとも同系のことばで、丸い大頭をしたサンショウウオのような鈍重な怪物の意を含んでいる。また、『春秋左氏伝』には、

「堯、鯀を羽山に殛にす。その神　化して黄熊（『国語』には黄能とある）となり、羽淵に入る」（「昭公七年」）とある。クマが淵に入るはずはないから、能（ノウとは

読まない。しぶとい大ガメ、じつはサンショウウオか）が正しかろう。前記の『楚辞、天問』に、「竜虬が能を負う」とあるのは、禹が鯀を背負って洪水の中を泳いでいる神話の絵のことをのべているのである。

共工と鯀　この二人は古典においてはいちおう別人とされている。『国語、周語下』では、霊王の太子晋がやや詳しく説明を加えて、

「むかし、共工氏は……百川を壅防ぎ、高きを堕し卑きを堙め、もって天下を害し、禍乱並び興る。共工もって滅びぬ。それ有虞（舜のとき）に在りては、崇伯鯀あり、その淫心を播げ、共工の過ちを称げて遂ぐ」

とのべている。共工―鯀は二人とされているが、その罪業はまったく同じである。もともと一つの悪玉が二人に分身して、話をおもしろくさせた公算が大きい。中国の石碑の下には、大ガメがじっと重さに耐えている。耐（ねばりづよくたえる）―能は同音語である。

以上の考察を総合すると、禹の治水の物語は、次のような民話の変形したものだと考えられる。

―×→　→禹

——ある時、黒い竜が大あばれをして天地をうちこわし、大洪水が起こってすべてが濁流に呑まれてしまった。鈍重なサンショウウオがその収拾を命ぜられたが、いっこうにラチがあかず、洪水はますます荒れ狂うばかりである。ついに俊敏なトカゲもしくはヘビの精が出てきて、永年にわたる奮闘のすえ、とうとう洪水を治めて山々はおちつき、河川は河道に戻って海に注ぐようになった。鈍重なサンショウウオはその責任を問われて、処罰された。それ故に今でも深い水底にひそんで顔を出さないのである。——

六　中国の創世紀――天地人間の初め

三皇とは誰か

人間は、上へ上へとルーツ（根源）を求めるくせがある。いったん「五帝」の順番が定まると、こんどはその上につぎ足して「三皇五帝」と言うようになった。「三皇」というのは、伏義（フッキ）・燧人（スイジン）・神農（伏義・神農・女媧とする説もある）の三者である。燧とは、木の穴に棒を押し当てて、奥へ奥へとすりもみしつつ、火を起こすことである。うまくすれば十五分ほどで穴のふちがくすぶり始める。そこで「燧人」とは、初めて火を起こした人、「神農」とは、農業や薬草の元祖となる神さまという意味で、人類の文明発達の段階に名づけた呼び名である。

天地の創造

では伏義氏とはいったい何者であろうか。紀元前二世紀に書かれた『淮南子（えなんじ）』という書物に、それを解くカギがある。

「むかし共工は顓頊（センギョク）と帝たらんことを争い、怒りて不周の山に触れたり。天の柱折れて、地の維(つな)(張り綱)絶えたり。天は西北に傾く、故に日月星辰ここに移る。地は東南に満ちず、故に水潦塵埃(スイリョウジンアイ)ここに帰す」(「天文訓」)

「黄帝の治は、なお伏羲氏の道には及ばざるなり。むかし四極(天地を支える四本の大黒柱)くずれて九州は裂け、天は兼(あわ)せ覆うことあたわず、地はあまねく載(の)することあたわず。火は燃えさかりて滅せず、水は浩洋としてやまず……ここにおいて女媧(ジョカ)(伏羲の妃または妹)五色の石を練りて蒼天の破れを補い、大ガメの足を断ちて四極(四本の支柱)を立て、黒竜を殺して中国を済(すく)い、芦の灰を積みて、水を止めたり」(「覧冥訓」)

なんと伏羲と女媧は、中国の大地創始の役目をになった兄妹(または夫婦)なのである。

そこで、いまなお語りつがれる民話をさがしてみると、たしかに右の物語の原型と思われるものが現存している。

「むかし、卜伯(ポパ)という英雄がいた。ところが雷王(竜王)が、人びとが彼をおろそかにするので腹をたてて、久しく雨を降らさない。そこで卜伯は雷王と談判したすえ、雷王を捕えてこらしめることとした。ところが卜伯の留守中に、雷王は伏依(フイ)という兄妹を呼んで『どうか水を一杯くれよ』と頼んだ。親切な兄妹が水を与えると、雷王は元気を回復して、一つのヒョウタンをお礼にくれて、天上に逃げ戻った。戻るやいなや、雷王は大雨を降らせた。大地は水びたしとなって、人も動物も溺れ死んだ。兄妹だけは、ヒョウタンに乗って漂い、生きのびることができた。

兄妹は結婚して夫婦となったが、目も口もない奇怪な赤ん坊が生まれたので、八つ切りにして捨てた。ところがその一片一片がやがて無数の人間と化して、ふたたび人の世が繁昌することになった」（広西省チュアン族の民話）

チュアン族（壮族）はタイ系のことばを話す農耕民で、人口は約八百万、広西省の大半はその「自治区」となっている。秦・漢のころには彼らは甌駱と呼ばれ、長江中流の楚の人びととも縁の近い仲間であった。

屈原の作『楚辞』の中にも、これと似た伝説が、問いかけの形式でうたいこまれている。

「康回（竜神の名）かっと怒りしとき、地は何故に東南に傾きしや。

女媧、体（胎児）ありしとき、誰かこれを制匠（切りきざみ）せしや」（『楚辞、天問篇』）

この神話の筋は、たぶんこうであったろう。むかし、たちの悪い黒竜が、地上の王と争って負け、腹をたてたあげく、天地の間を支える四本の柱の一本をこわしてしまった。そのために天と地はバランスを失い、西北が高く東南が低く傾き、大雨が降り注いで大洪水となった。そのとき兄妹二人がヒョウタンに乗って生き残り結婚した。だが近親結婚であったため、鬼子が生まれた。それを切って捨てたところ、その肉塊がそれぞれ息づいて、数多くの人間となったのだ。

蛇身の男と女

伏や包は、古代語で男性を意味したpok・pog（ポ）を表した漢字であり、義は「かっこよい」という意味であるから、伏羲または包羲とは、つまり「みめよき男」のことだ。女媧の媧とは窩（あな）のことだから、「くぼみをもつ女性」という意味であろう。二人は兄妹でもあり、かつ夫婦でもあったのだ。

→ → 它

→ 虫

ところで、山東省の武梁祠から見つかった漢代の画像石には、上半身が人間で、下半身がヘビの形をしてからみあっている男女が描かれている。男は伏羲であって手にコンパスを持ち、女は女媧であり三角定規を持っている。漢代になると、素朴な民話の中へ、天地を測量する定規とコンパスとが割りこんできたのだ。北周のころ（紀元五七二年）に刻まれた「匹婁歓の墓」の石槨の画はとりわけ精巧で、女媧は月（中にガマがおり、ウサギが餅をついている）をかかげ、伏羲は日（中に三足のカラスがいる）をかかげているが、下半身はヘビである。シルクロードのトルファン、オアシスの漢人墓からも、同じような絵が見つかっている。長江流域の原住民（タイ系であっただろう）の素朴な神話を、北方漢民族の合理主義が抱きこんで、天衣無縫の兄妹が、しだいに天地陰陽を測定する「聖人」に仕立てられていくようすが、この画像の中にまざまざと現れている。

伏羲と女媧の二人および共工の下半身がヘビの姿をしていたという話は、じつは古い記録にも見えている。

「庖羲氏（＝伏羲）は蛇身人首…女媧もまた蛇身人首なり」（『帝王世紀』）

「共工は天の神にして、人面蛇身なり」（『淮南子』墜形訓の高誘の注）

ここでまたヘビが登場してくる。すでにのべたとおり、水とヘビとにご縁が深いのは、淮河以南、長江の流域から南にかけての華南の人たちである。じつは、大洪水のさいに、男女二人が生きのびて、それが人間の元祖となった——という筋の民話は、インドから今日の華南に至るまで、米作地帯に広く分布しているらしい。近ごろの調査によれば、南インドの米作地帯でも、さる老人がこれと同類の昔話をおぼえていた。

華南の低湿な米作地帯は、インドと地続きである生活圏と考えてよい。

ただし、読者はすでに気づかれたと思うが、中国の伏羲・女媧の物語は、さきにのべた共工の話および禹の話と、微妙にからんで、「二重写し」となっている。それをいちおう整理してみると、次のようになるだろう。

一、黒竜の精（雷王）である共工が大あばれをして、天と地の間を支える柱を折り、ために大雨が降り注いで大洪水となった。

二、敏捷な小竜禹の大活躍によって（さらに女媧という女蛇の精が天の割れめを補修して）洪水は治まった。禹は塗山氏の娘と野合した（『楚辞、天問』）といわれるが、そのペアと、「伏羲＋女媧」のペアとが、二重にかさなる。

三、兄妹二人が生き残って、人間と万物の元祖となった。

七　殷・周の古代帝国

太古の殷王朝

北京から南へ約五三〇キロ、町の北を洹水（Huánshuǐ 黄河に注ぐ）が流れている。紀元一世紀の末、司馬遷が『史記』を書いたとき、

「秦の始皇帝なきあと、秦の兵二十万をひきいた将軍章邯が前途に希望を失って項羽に投降し、洹水のほとり、殷墟において和を結んだ」

とのべた。これが古代殷帝国の廃墟のある地である。十九世紀の末、この安陽市西北郊から、亀甲や獣骨に小刀で文字を刻んだ残片が出土し、当初は漢方のカルシュウム剤として北京の薬屋で売られていた。やがて、そこに刻まれているのが、「殷墟」に埋蔵された三千余年前の占卜（うらない）のメモであることがわかり、その解読が進むにつれて、殷代の様子が少しずつわかってきた。占卜に先立ち、まず卜骨に小さな穴を彫っておき、一〇センチほどの青銅の棒を赤く焼いて穴に押しあてると、卜ㅓ✡などの形をした割れめができる。その形を見て吉凶をうらない、記録係がその内容を一隅に刻んでおいた。ここに記録されたのはうらないの内容であるので、これを「殷

墟卜辞」という。

「卜辞」では、まず甲子・乙丑・丙寅…などの「十干十二支」で日次を記し、「争卜貞」（争という占師が卜して偵いた）とか「王卜貞」（王が卜して偵いた）とかいう文句が続き、そのあとに「旬无咎？」（この先の十日間に異常が無いか？）とか「有年？」（稔りが有るか？）とかいう問いの内容が記される。次例のように（前後が欠けているが）、「…伐羌、婦好三千人、旅万人、共一万三千人…」と読みとれる長い卜辞もある。一九七六年に、安陽市西北郊の殷墓から「婦好」および「司母辛」という銘のあるみごとな青銅器が出土した。彼女は殷王武丁の妻、「妣辛」のことである。この女性は巴御前のような女傑で、「卜辞」の記録によると、大軍をひきいて羌族と戦ったものとみえる。

当時の殷の中心は、今日の黄河デルタにあり、その西方の山西省には羌、西北には犬と呼ばれる部族、東の沿海地区には夷（または小さく人と書く）が住んでいた。また黄河の上流に囲まれた今日の陝西省には、周という国が興りつつあった。周の初代の諸王の嫁は、姜嫄・太姜・成姜のように、羌族から嫁いできた女性が多い。紀元前十一世紀の中ごろ、周の武王は羌族や華中の諸部族を糾合して、黄河ぞいに東征の軍を進め、安陽の都と、その南方、今の輝県にあった離宮とを焼き払い、殷の最後の王、紂王（卜辞では帝辛という）は、紅蓮の焔の中に消えた。『孟子』には、殷の湯王

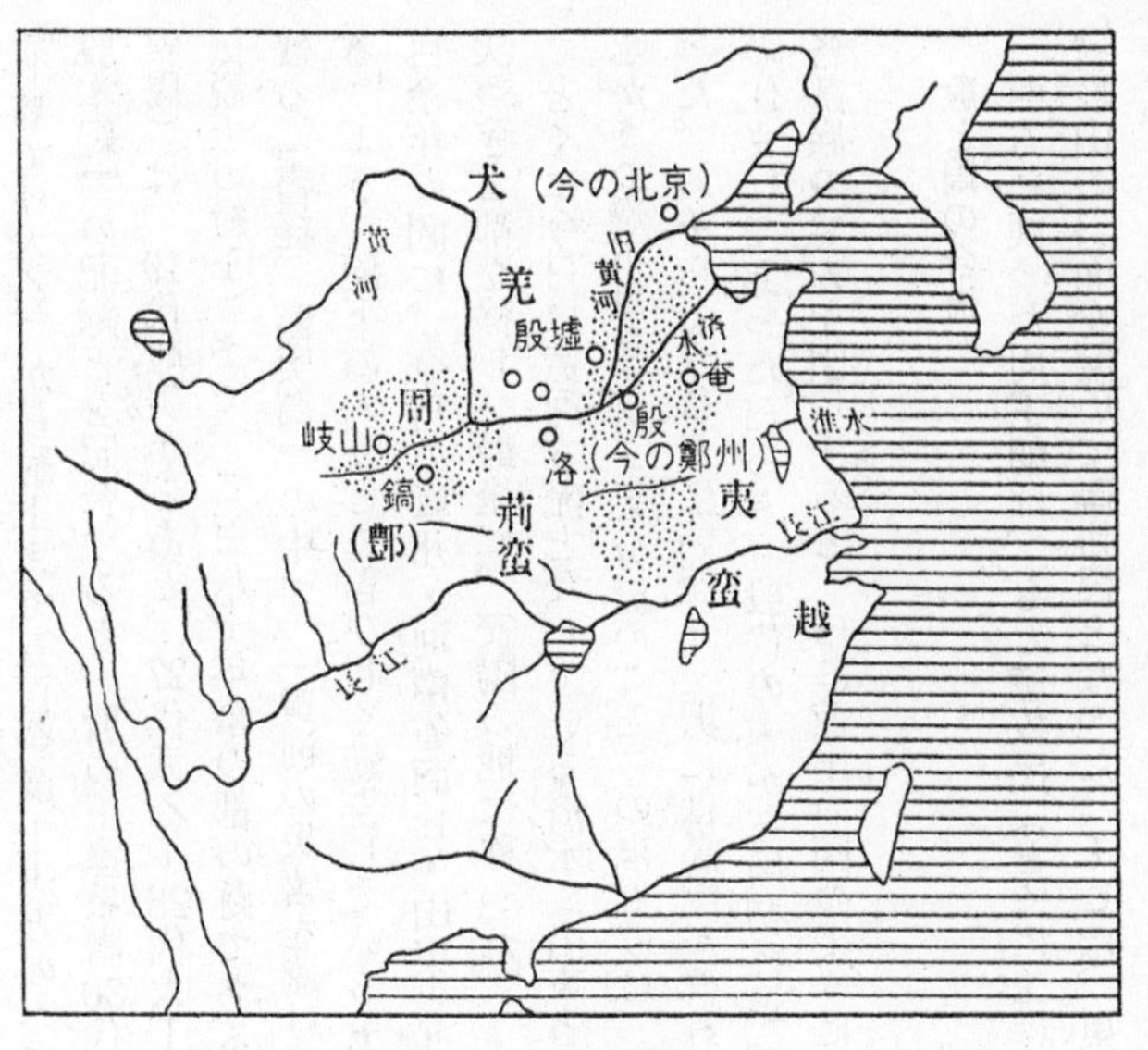

犬（今の北京）
黄河
羌
旧黄河
殷墟
済水
奄
周
岐山
鎬
殷（今の鄭州）
洛
淮水
荊蛮
（鄷）
夷
長江
蛮
越
長江

（卜辞では大乙）から紂王まで五百余歳——とのべている。卜辞と司馬遷の『史記、殷本紀』の記録とを照合すると、殷の王室系譜30代が明らかとなる。「殷墟」（今日の安陽）は、19代般庚からあと、27代武乙—28代太丁—29代帝乙—30代帝辛（すなわち伝説上の紂王）まで、二百八十年余の都の跡であることがわかる。「般庚」は、今日残る『書経、盤庚篇』の中で、「黄河の災害を避けるため、思いきって新しい地に移る」よう、配下の人びとにきびしく勧告している王その人である。殷はその前半期二百余年の間に、今日の鄭州・河南省商丘・山東省曲阜（むかしは奄といった）などに次つぎと都を移し、最後に、安陽の地に移った。

とくに今日は黄河本流となっている済水（山東省の済南はその南岸にあたる。済とは、水かさの過不足を斉のえる分流のこと）のほとりは、太古から殷人と縁の深い土地であった。おそらく水草が生い茂り、沢には鳥獣が群れて、半猟半農の殷の人たちの絶好の住まいであっただろう。殷代の末から周初にかけて（紀元前十世紀—前七世紀）の各部族の勢力を図示すると、ほぼ前出の図のようになるだろう。

殷と周の合流

西方に興った周王朝は、もと遊牧民（とくに羌族）と縁が深かったが、やがて陝西省岐山の斜面を開いて農耕民となった。そこは、東と南に広い扇状台地の開けた高原である。その開祖后稷という人の名は、「作物の主」という意味である。彼らは中央アジアから来たムギを手に入れてから、しだいに力をつけてきた。在来の稷（コウリャン）・粟（アワ）・黍（キビ）などに比して、ムギは収穫量が多く、かつおいしい。『詩経』の中で、周人は、「我に来牟（ムギ）を詒り給う」（「思文」の詩）と歌って、ムギは神がもたらして来た（来＝賚＝もたらす）ありがたい作物であるとたたえたのである。

周という国の名は「田（四角い畑地いっぱいに行きわたって作物が植えられたさま）＋□（クチではない。一定の領域を示す）」を合わせた文字で、ゆたかな農耕地を表している。後世に「関中の沃野」「秦川（渭水のこと）八百里の地」などと呼ばれて、秦・漢の穀倉となった陝西省南部の戦略的な基礎がここにできあがり、周の文王は、西北諸部族から西伯（西方の長老）としてたてまつられた。殷の紂王は西伯を警戒して、殷の都に招きよせて軟禁したが、文王の知恵袋であった太公望呂尚が、紂王の愛姫に賄賂を贈って脱出させた。これが史上に見える政治的買収の最初の例であろう。文王が没して、武王が後を継ぐと、もはや東西の両雄並び立たぬ状勢となってきた。武王のそばに控えていた伯夷・叔斉兄弟が「暴をもって暴に替えてはなりませぬ」と言って、馬の手綱を抑えたが、武王はついに東征に踏み切った（『史記』の殷本紀にみえる話）。

① [oracle bone form]→[bronze form]→[seal form]→周
② [oracle bone form]→[bronze form]→商
③ [oracle bone form]→[bronze form]→[seal form]→業
④ [oracle bone form]→[bronze form]→[seal form]→衣

文字・青銅器・絹織物・陶器などの生活文化においては、東方の殷が一歩先んじており、西力の周はやや遅れていた。しかし周は、殷を滅ぼしたあと、その残党の抵抗に悩みつつも、殷の職業集団を周の仲間・同盟族に分け与えて先進文明を吸収し、殷の遺民の力を借りて洛陽の城市を建設した。「殷」とは黄河流域の地名を流用して周のがわで名づけた呼び名であって、殷の人たちは「商」（明るい高台に住む人）と自称し、安陽の都は「大邑商」と呼ばれていた。周の統治に服しない者どもは、彼らの作った品物を売り歩いて、生きのびることとなり、ここに中国の「商業」が興った。それは商の遺民が始めた業——という意味である。

ともあれ、殷と周の合体によって、華北と華中は統合され、「中夏の民」、俗に「漢民族の文化圏」と呼ばれるまとまりが生まれてきた。晋（山西省）・魯（山東省の西南部）・衛（河南省の北部）、および洛陽をとりまく鄭・陳などは周の親藩と譜代の国である。斉（山東省東北部）は太公望呂尚（周の文王の片腕となって助けた）の後をつぐ国であるから、とくに友好的な外様大名である。楚（湖北省と湖南省。楚とは疏と同系語で、まばらな林のある地）は、荊（ブッシュ）を開いて焼畑耕作に励んだ荊蕃のあとだから、原住民の大名である。呉（江蘇省）は北方漢人の南下して建てた植民地であるが、住民は越人であったから、これは別格である。越（浙江省）は南蛮の越族の国だから、もちろん外様大名である。これらは「諸侯」と呼ばれ、周王朝からそれぞれ「公侯伯子男」の称号をもらい、その領地に封ぜられた。領内の土を盛って坛を作り、それだけの土地を領有したことを声明するのを「封」「封建」という。中国でいう「封建」とは、王朝の支配下で、諸侯が領地を分割支配する体制をいう。

この体制を確立したのは、孔子学派によると、周公（武王の弟。武王なきあと、成王が幼かったので、摂政の役をつとめた）の功とされている。この体制のもとで、王↓諸侯↓卿と大夫（王侯をとりまく貴族）↓士（貴族の末流）↓民および奴というきびしい階級制が生まれた。民とは、眠（目が見えない）の原字で、無学文盲のやからという意味であった。民は土地や職業に縛られた非自由民であり、奴とは捕虜や罪人などで貴族にこき使われた者であるから、殷周は「奴隷時代」であるといわれる。

しかし周代の漢人文化圏において、同姓不婚、長子相続、本家分家の祭りの仕方などの慣習が固まった。また、衣は、それに依って肌を隠すもの（衣―依―隠は同系語）であり、裸形を見せてはならないこと、身体髪膚はむやみに傷つけてはならず、被髪（ばらがみ）・断髪（ざん切り）・文身（入れ墨）などは夷狄の風であること（ことさらに傷つけるのは刑罰の印である）、なるべく生ものを食べないことなど、後世の中国社会の通念が、ここに定まってきた。とりわけ、周が殷人の使った文字の体系を吸収して、統治の道具に活用したことは、特記すべきである。周代から春秋戦国時代にかけて、多くの青銅器が残されているが、それに刻まれた文字は「金文」（この金とは銅のこと）と呼ばれ、その字体は、殷の甲骨文字を装飾的にしたものである。紀元前三世紀に、秦の始皇帝は各地の文字を統一して「小篆」を定めた。それは金文に手直しを加えて、左右平均して垂れ下がるスタイルに統一した。篆は、縁（平均してたれさがるへり）や端（平均してたれるはし）と同系のことばである。甲骨文字→金文→小篆（篆書とも）の間には、明らかにつながりが認められる。この書では、甲骨―金文―篆書―楷書の字体を示して、変遷の跡を明らかにしてある。

II 文字と民族

一　漢字の生いたち

漢字の組み立て

西暦紀元をすぎてまもなく、中国では後漢の和帝の時代に、許慎（キョシン）という民間の篤学の人がいた。

当時はすでに秦の始皇帝のころから、三百年ほどを経過しており、始皇帝が制定した小篆（ショウテン）（篆とは、字のはしが縁（エン）〔ふちどり〕のように垂れた字という意味）という美しい装飾的な字体がすたれて、今日の楷（カイ）書の一歩手前にあたる隷（レイ）書が実用の文字となっていた。許慎はまず、九千三百五十三字について、その小篆をていねいに書きしるし、ついでできるだけ手を尽くして、小篆以前の青銅器や石碑の古い字体（古文と総称する）をも収集した。彼はそれを五百四十部に分類し、「一」に始まり「亥（ガイ）」に終る順序に配列した。「一」はすべての初めであり、また「亥」は十二支の最後にあたるので、全巻をしめくくるにふさわしいと考えたのであろう。この世の中には、ありとあらゆる存在を表すおびただしいことばがあって、そのいちいちのことばを各個の漢字が代表しているのであるから、許慎によれば、この書物は世の中の「存在」のすべてを集約した一つの小宇宙であることになる。彼はそれを『説文解字』と題し、ちょうど紀元後一〇〇年に本文十四巻、後序一巻を書きあげた。のち略して『説文』という。これが中国最初の字典である。

『説文』は各字の字体を分析して六種類に分け、各字ごとに簡単な説明をつけている。これが漢字についての最初の理論的な解説であって、後世の字典や辞典は、すべて多少ともその影響を受けている。もっとも、許慎先生のころには、殷墟はなお地下に埋もれたままで、甲骨文字はまだ人びとに知られていなかった。そこで許慎の解説には、今日から見ると的はずれな点も少なくない。けれども、その説明の過半数は、今でもなお、その価値を失ってはいない。また、甲骨文字の字の種類は、今まで発見されたところでは約三千に達するけれども、きわめて多くの人名や地名（つまり固有名詞）は、比較類推の手がかりとすべき後世の資料が乏しいために、なお解読されていない。卜辞によく出てくる甲骨文字解読の手がかりを得るためには、やはり『説文』を最も大切な参考資料として使わざるをえない。というわけで、『説文』はその後二千年の歴史を生きぬいて、今日でも私どもの座右にいつも厳然と控えているのである。すぐれた仕事というものは、なんと生命の長いものであろう。

さて許慎先生は、漢字の成り立ち方、つまり「造字法」の原則を、次の六種に分けた。

――日
――月
――上
――下
――信
――武
――我
――其

(一) 象形文字――日・月などのように、そのものの形を描いた字。

(二) 指事文字――平面のうえに－印をつけた二→上、平面のしたに－印をつけた二→下のように、象徴的な記号を用いた字。

(三) 会意文字――「人＋言」を合わせて信用の信、「戈（ほこ）＋止」を合わせて武勇の武としたように、意味を持ついくつかの既成の字を組み合わせてできた文字。

(四) 形声文字――「さんずい＋発音を示す可(カ)」によって河(カ)、「さんずい＋発音を示す工(コウ)」でもって江(コウ)、というように、発音を示す音符(オンプ)文字に、いろいろな扁(ヘン)を加えた字。

(五) 仮借(カシャ)文字――あて字のこと。ギザギザの刃のついた戈(ほこ)を描いた我(ガ)という字を、一人称代名詞の「ガ」にあてる。また農家で穀物をほすときに用いる四角い箕(キ)（み）の形を描いた其(キ)という字を「それ」と指さす場合に使うさしことばの「キ」にあてるなど。許慎のあげた例は妥当でないので、ここではそれを挙げずに、我や其を例としてのべた。

(六) 転注文字――命令の令ということばは、やがて人を集めて命令をくだす人→長官という意味に転じる。また、ながいことを意味する長ということばも、いちばん上に立つ人→長官という意味に転じる。そこで、県長といっても県令といっても同じ意味となって、「令とは長なり」と注釈できるようになる。このように、意味の転化によって、おたがいに注釈し合えるようになることばを転注という。

以上が許慎のあげた六種の分類である。昔は文字のことを「書（ショ）」ともいったので、これを「六書（リクショ）の説」と称する。しかし考えてみると、㈥の転注というのは、長年にわたり漢字を使っている間に、いろいろな派生義を生じるために起こる現象であるし、㈤の仮借というのは、漢字をあて字として使う特殊な場合もある——という一種のただし書きにすぎない。サンスクリットのブッダを、浮図・仏陀などと書き表したのも仮借の例である。近代になって、パリという地名に巴里という漢字をあてたり、インドという国名を印度という漢字で示したりすることと、同じ現象を指摘しているにすぎない。してみると、㈤仮借と㈥転注とは、べつに漢字の「造字法」に関することがらではない。そこで造字法として残るのは、

㈠——象形（日・月）　㈡——指事（上・下）　㈢——会意（信・武）　㈣——形声（江・河）の四種であると考えてよかろう。ついては、これからこの四種のそれぞれについて、例をあげつつ説明していくこととしよう。

人間に関する象形文字

象形とは、文字どおり「物の形を象（かたど）った」ということである。人間のクチをエジプトの象形文字では○型に描き、漢字ではㅂ型に描いている。どちらも実物の形を簡明に描いたものであるから、エジプトでも中国でも、できあがった結果としてはよく似ているものが多いが、両者の間には、べつに交流や影響があったわけではない。

とりあえず、人体に関する文字について、甲骨文字（約三千二百年前）―金文（約二千六百年前）―篆（テン）書（約二千三百年前）―楷（カイ）書（今の字体）という順序に、字形の変遷を示してみよう。なお上段には、その字のもととなる実物の絵を、参考のためにかかげてある。

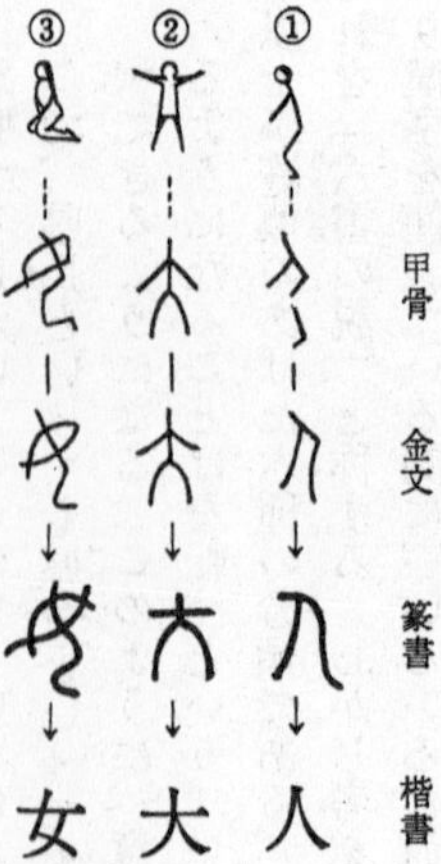

		甲骨	金文	篆書	楷書
①					人
②					大
③					女

④ 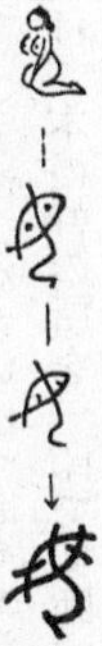 → 母

⑤ 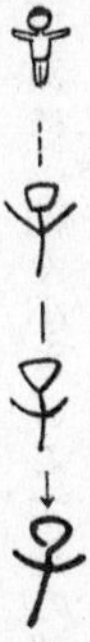 → 子

①人は人間を横から見たさま、②は大の字型に両足を広げて立った人間の姿である。③女はやさしく体をくねらせた女性の姿だし、④母は女性の胸に母親の特色であるオッパイが二つのぞいている。⑤子はかわいい幼児の姿である。

指事文字

記号的な要素を利用して、特定の事態を表そうとしたのを指事文字という。

⑥  → 天

⑦  → 立

⑧  → 正

⑨  → 出

⑩ →→→本
⑪ →→→末
⑫ →→→朱

⑥天は、大の字の形に立った人の頭上に一印（じるし）をつけて、頭上にひろがる平らな空、もしくは脳天（ノウテン）を表そうとした。⑦立は、同じく大の字の形に立つ人の下に一印（じるし）をそえて、人が地上に立つことを表したものである。⑧正は足が目標を示す□印（じるし）、もしくはゴールを示す一印（じるし）に、まっすぐ向かうことを表している。のちさらに「彳」をそえて、征と書き、目標めがけて直進することを表した。⑨出は、同じく足がシキイの外へ出ることを表している。

木の字を親にえらんで、それに抽象記号を加えた指事文字を例にとってみよう。⑩本は、木の根もとの太い所を「ここですよ」と横線で指し示した字である。⑪末はその反対に、細く小さいこずえの部分を、やはり横線で指さした字である。沫（マツ）（細かい穀つぶ）・沫（マツ）（小さい水つぶやあわ）のような字は、この末の字の仲間である、⑫朱の字は、木の幹の所を一印で切断することを示している。幹を中途で切ると、赤い木質部がよく見える。その色を朱色という。つまり切り株色である。朱に「木へん」をそえた株（切りかぶ）という字は、朱のもとの意味をよく表している。転じて、人を胴切りすることを殊といい、それはめったにない特別なことなので特殊の意味となる。文句をつけて人を血祭りにあげることを誅（チュウ）というのは、殊からきた派生語である。

しかし、指事文字と会意文字との間に、そう明白な境目があるわけではない。指事文字は、わりあいに抽象的な記号を使って、親と組み合わせているというだけのことであるから、「指事か会意か」などという細部にこだわるには及ぶまい。

会意文字

次に「会意文字」について説明しよう。会意文字とは、いくつかの既成の漢字を組み合わせたものである。その要素はいずれも意味を表している「意符」であって、形声文字のように発音を表す「音符（オンプ）」を含んではいない。

① → → → 从

② 從 → 従

③ ……→……→比

④ ……→……→好

⑤ ……→育

⑥ ……→……→棄

会意文字のうち、もっとも簡単なのは、同じ親字をいくつか寄せ集めたものである。たとえば①从は、Aの人のうしろにBの人がしたがっているさまを、二つの人印を合わせて示したものである。のち「行(ギョウ)にんべん」や止(=趾、あし)をつけ加えて、うしろからついて行くことを強調し、②従(=従)と書くようになった。今日の中国本土では、このよけいな付加成分をとり除いて、簡単な原形に戻し「从」と書いている。③比は、同じく人印を二つ利用しているが、これは二人が肩を並べてペアを成したさまである。比肩とか比較とかいう場合の比(二つ並べる)というのが、そのもとの意味をよく保存している。そのほか、

木+木→林(リン)(木立ちの連なるはやし)

木+木+木→森(シン)(木の茂ったもり)

□印（ある物）を三つ→品（いろいろな物）

石印三つ→磊（ごろごろした石積み）

のように、同じ字を二つ、三つと集めて、並んだり重なったりしたことを表す会意文字が少なくない。

④好は、心暖まるやさしい場面を表している。いうまでもなく「女＋子」の会意文字で、女性が赤ちゃんを大切に世話しているさまである。大事に暖めておくというのは「このむ」ということであり、また「このましい物」でなければ大事にはするまい。日本で「このむ」という訓をつけたのは、このような、大切にかばう動作の一面を表している。また「私の大事な……ちゃん」とは、つまり「このましい」娘のことである。だから「このましい」「すく」という動詞・形容詞的な意味も生じてくる。

子どもの姿は、ふつう足を下にして立った姿を描いて「子」と書くのだが、しかし出産する赤ちゃんは、じつは頭のほうを下にして胎内から出てくる。万一、足から生まれるようでは、いわゆる「さか子」であって、たいへんな難産となる。そこで正常分娩によって生まれたばかりの赤ちゃんや乳幼児を表すときは、「子」という字を逆にして「𠫓」と書くことが多い。⑤の育は「𠫓（正常に分娩した赤ちゃん）＋肉づき」の会意文字であって、生まれた幼児に肉がつくこと、つまり「肥立ちよくそだつ」ことを表した会意文字である。

ついでに⑥棄（すてる）の字にも触れておこう。この字は「𠫓（赤ちゃん）＋ごみ取り＋両手」を組み合わせた会意文字である。天災や戦乱に見まわれた農村では、生まれたばかりの赤ん坊を養うことができない。でなくとも、半永久的な飢餓の中に置かれていたかつての貧農の親は、泣く泣く赤ちゃんをコモに包んで、村はずれに捨てに行ったものである。棄という字はそのわびしい姿をまざまざと再現して見せる会意文字である。

晋（シン）の王粲（サン）、「七哀詩」に、

出門無所見　門を出ずれば、見ゆるもの無く、
白骨蔽平原　白骨　平原を蔽（おお）う。
路有飢婦人　路に飢（う）えたる婦人有り、
抱子棄草間　子を抱きて草間に棄つ。（下略）

とあるのを思い出す。

形声文字

「形声文字」というのも、やはり組み合わせ文字であるが、しかし前項でのべた会意文字とは異なり、その一部分に発音を表す「音符（オンプ）」を含んでいる。たとえば、古という字を音符として含む形声文字は、固・枯・故・姑・箇・個のように、ずらりと並ん

でくるが、いずれも古（コ）という発音をもっている。古というのは、甲骨文字では[illegible]と書いた。おそらくひからびて固くなった頭蓋骨をぶらさげたさまを描いた象形文字で、後世の骷（しゃれこうべ）の字の原字であろう。

むかしの中国には、祖先や敵の首領の頭蓋骨を保存しておく習慣があったらしい。たとえば紀元前五世紀、戦国時代の晋の国の家老であった智伯と趙襄子とは、恨みかさなる勢力争いの仇敵であった。かつて智伯にいじめられた趙襄子は、ついに智伯を攻め滅ぼしたあげく、智伯の頭蓋骨を乾かして酒器とし、それで酒を飲んではうっぷんをはらしたそうである（『史記』の予譲の伝にみえる）。頭蓋骨はコチコチに乾いていて固い。そこで「コ」ということばの仲間は、すべて「乾いて固い」という意味を含んでいる。

固（こちこちとしてかたい）・枯（かわいてかたい）・故（ふるくてひからびて固定している。故事とはふるくなったことの意）・姑（ひからびた年長の女性）・箇（かたい個体をなしたもの）・個（同上）

このように、形声文字に話が及ぶと、私どもはさっそく「ことばの仲間」、つまり漢語の中にグループをなして存在する「同系の語」に視点をすえることとなる。

わかりやすい例をもう一つ追加しよう。主人の主という字は、古くはたんに[illegible]と書いた。じっとひと所に立って燃えている灯心のあかりの姿である。その下に燭台をそえたのが「主」という字であって、下部の王型は、じつは燭台の形である。今日の北京語では、お灯明を炷といい、じっと立てたロウソクや線香をかぞえるときにも、一炷、三炷というから、この字に主のもとの意味がよく保存されているわけである。さて主を音符として含む字はきわめて多いが、そのどれを見ても、⊥型にじっとひと所に立つ、という基本的な意味が、明白に残っている。

柱＝木＋音符主（⊥型にじっと立つハシラ）
住＝人＋音符主（人が⊥型にじっとひと所に止(とど)まっている。居住の住）
駐＝馬＋音符主（車馬がじっとひと所に止まっている。駐車の駐）
注＝水＋音符主（水さしの口から、柱を立てたように、じっとひと所に水をそそぐ）

さればこそ、主の字自体に関しても、じっとひと所に定住している者を主人・所有主などというわけである。お客は他処(よそ)からブラリとやってきて、一夜だけ足をとめるにすぎないが、主人は⊥型に定着していて動かないのである。

ことばの仲間

ことばを扱う場合には、その「語音」がになっているそれぞれの特定の「意味」を、まず第一に考えてみる必要があるだろう。

古―固―姑などにおける「コ」

主―柱―住―注などにおける「シュ」「チュウ」といった、それぞれの漢語のもつ語音（字の発音）は、おのおの明白な、しかも特色ある意味をになっている。だから漢字の字形というものは、たしかにおもしろいにはちがいないが、じつは表そうとした意味のたんなる影ぼうしにすぎないのである。漢字が俗に「表意文字」だといわれているのに幻惑されて、ひたすら字の形ばかりを問題にして、その漢字の代表する語音と意味とにさして注意を払わなかったのは、今までの大きな欠点であった。

ことばの仲間の研究は、じつをいうと中国では、ずっとむかしから断片的には学者たちの関心を呼んでいた。その最古の例は、紀元後三世紀、後漢の劉熙（リュウキ）という人によって書かれた『釈名（シャクミョウ）』という本である。また、北宋の改革派の政治家として名高い王安石は、すでに十一世紀のころに「戔」（セン・サン）という音符を含む形声文字の系列は、すべて「小さい、少ない」という意味を含むことを論じている。たとえば、

銭＝金＋音符戔（小さい金きれ→こぜに）
浅＝水＋音符戔（水が少ない→あさい）
賤＝貝（財貨）＋音符戔（財価が少ない→いやしい）
盞＝皿（さら）＋音符戔（小さい皿（さら）→こ皿（ざら））

濺＝水＋音符賤（小さい水しぶき）
桟＝木＋音符戔（小さい棒）
箋＝竹＋音符戔（小さい竹ふだ）
残＝歹（ほね）＋音符戔（小さい骨、のこり物）

のようにこのセン・サンの系列は、まことに明白でみごとな「ことばの仲間」をなしている。この考え方の伝統をついだのが、今日私の展開しているいろいろな説明なのである。

紀元後五世紀（六朝時代）に、長江下流にあった南朝宋（ソウ）の国と大和（やまと）の倭（ワ）国との間に、いくたびもの往来があった。そのころの中国語をまねたのがいわゆる「呉音読み」である。また紀元後七世紀〜十世紀の間に遣唐使が唐の都長安をおとずれて伝えてきたのが「漢音読み」である。どちらも日本人のくせに合わせて、かなり中国語のもとの発音を変えている。たとえば、

仙 siɛn・煎 tsiɛn・泉 dziuɛn・旃 tʃiɛn・船 tʃʻiuɛn・旋 ziuɛn

のようなさまざまな唐代漢語を日本の漢音読みではすべてセンと音訳してしまう（これら各字のもとの古代の発音は、私の『学研、大漢和字典』をひもといて調べていただきたい）。

漢字の音によって同系語を考えるには、周代の発音に戻してみるのが厳密なやり方である。日本人が発音しやすいようになまった日本の漢字音によって、むやみに同音語をくっつけて「同系語」だとこじつけてはならない。

『詩経』の詩を周末当時の発音に戻してローマ字で書いてみせることも、今日ではけっして困難ではない。ご参考のため一例をあげておこう。

三千年前の発音にもどした『詩経』

桃之夭夭　dog tiəg ·iog ·iog
灼灼其華　thiɔg thiɔg gɪəg ɦuag
之子于帰　tiəg tsiəg ɦuag kɪuər
宜其室家　ngɪar gɪəg thiet kăg

桃の夭夭(ヨウヨウ)たる
灼灼(シャクシャク)たるその華(はな)
この子于(ゆ)き帰(とつ)いで
その室家に宜(よろ)し。

——『詩経、桃夭』の詩。

二　竜神の守り——越の国

呉——南にのびた漢人の植民地

古代史の中で、ものの哀れをおぼえさせるのは、越の国の悲運であろう。ついてはまず、越と対立して永年にわたる血闘をくり返した呉の国の物語から始めよう。『論語』には「泰伯」という一篇があり、そこには、周の王族である泰伯（＝太伯）が、王位に即くことを辞退して、遠く長江の沿岸に逃れた話がのっている。近年、南京の東方にある丹陽の地で「虞侯夨」の鼎が発見された。このソクという字は、大の字型に立った人間の頭が、左に曲がったさまを描いており、ことばとしては仄（かたむく）や側（かたよる）などと同系である。虞は呉のことであろう。したがって史話に登場する呉太伯とは、おそらくこの虞侯夨のことであって、この人は頭の左に傾いていることを気にして、一党をひきいて都を去り、遠く江南丹陽の地に周人の前進拠点たる植民地を築いたものであろう。丹陽—無錫—蘇州は、太湖の北岸にあって、呉の根拠地であった（いま呉泰伯の墓は無錫の恵山にある）。呉は太湖（日本の琵琶湖の三倍ある）を隔てて、太湖南岸の越と対抗した。いま『史記、呉太伯世家』を見ると、太

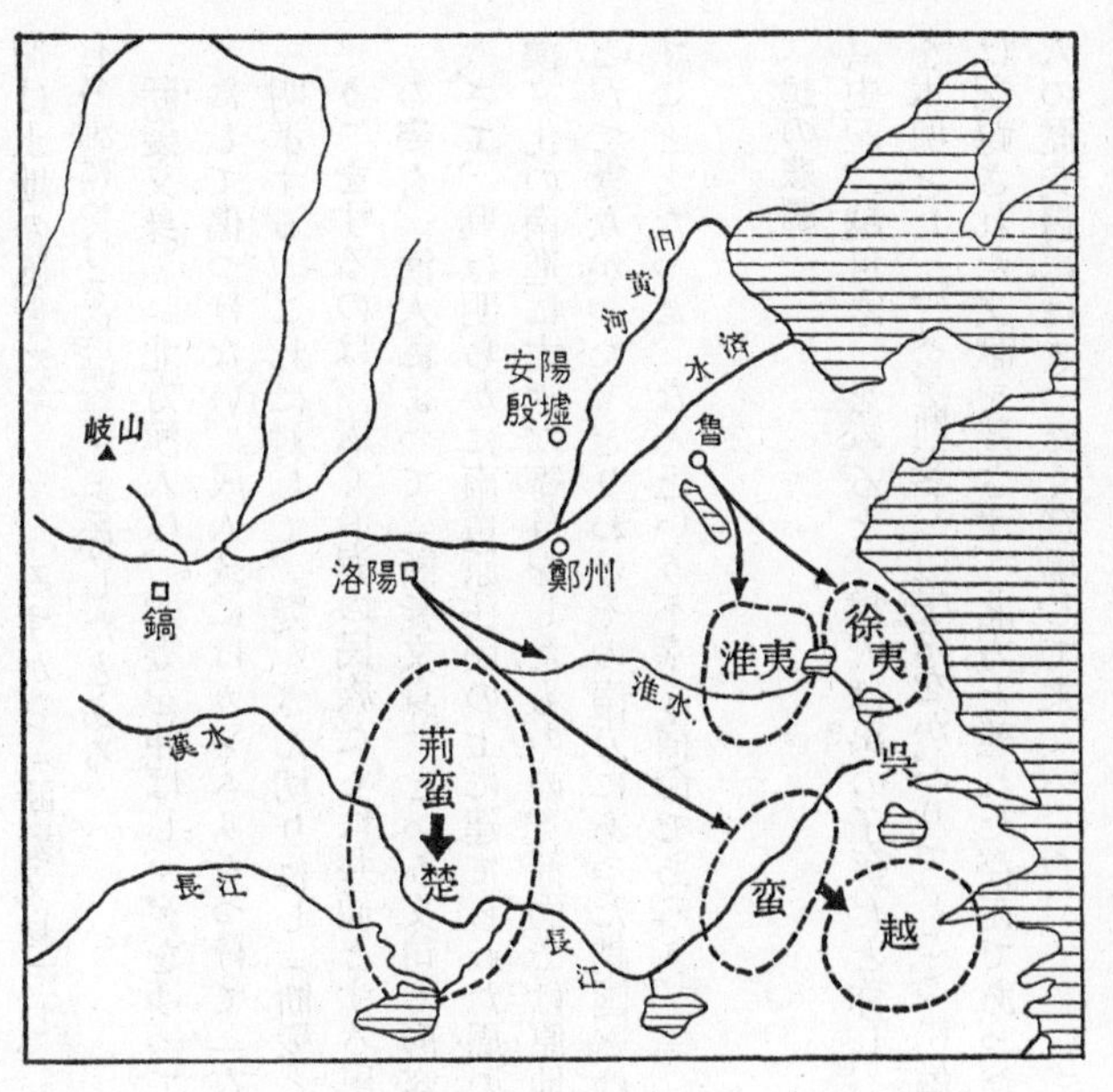

旧
黄
河
済
水
安陽
殷墟
魯
岐山
鄭州
洛陽
鎬
淮夷
徐夷
淮水
漢水
荊蛮
楚
呉
長江
長江
蛮
越

伯は土地の風習にそって、みずから「断髪文身」し、かつその国を「句呉」（句は固有名詞につける接頭辞）と称したとある。

断髪文身　北方漢人は、頭髪を伸ばしマゲをゆって冠をかぶり、身体髪膚を大切にして傷つけない。成人式にはカンムリをつけて「衣冠の族」の一員であることを明示する。これに対して、髪をざん切りにし（断髪という）、体に入れ墨（文身という）をするのは、広く沿海の民族たちに共通とする風習であった。のち日本の倭人の姿も、漢人によって「断髪文身」という文句で形容されている。

さて、呉は明らかに南蛮原住民の上に建てられた周の植民地であるから、一面では漢文化の南進に大きな寄与をしたものの、他面では原地の人びととの摩擦を避けることができなかった。とりわけその南方にあった越国とは、血で血を洗う戦いをくり返すこととなった。なんという不幸な宿命であろう。

越の悲劇

『史記、越世家』をみると、越人は禹（ウ）の子孫だと称し、今日の銭塘江の沿岸、会稽山（カイケイ）を本拠とし、「文身断髪し、草莱（ソウライ）をかぶりて、ここに邑（ユウ）す」とのべられている。彼らは記録された文献を残さず、北方と離れた存在であったから、その古い史実は北方漢人の歴史書にはまったく登場して来ない。

もともと農村というものは、十軒、二十軒ていどの小さな共同体が、ひっそりと自給自足の暮らしを守っているのが本来の姿である。そこでは大きな権力も国家も必要ではない。ただ強大な侵入者が現れたときに、やむなく郷村のわくをこえて団結するようになる。

越が歴史の上に姿を現すのは、越王句践（コウセン）（＝勾践、句は接頭辞）が部族をひきいて立ち、その隣国、呉王夫差と角逐するようになってからのことである。つまり越人は、周人植民地の拡張に反抗する戦いをいどむようになって、初めて北方漢人の視界の中に登場したのであった。

呉越同舟　この両国の争いは、三代五十年にも及び、今日でも敵対の関係を「呉越の間柄」といい、敵どうしが同席するのを「呉越同舟」と称するほど、有名な物語となった。

呉は当初、越に侵入して逆に大敗をこうむったが、呉王夫差のとき、大挙して越に攻め入り、ついに越王句践を会稽山に囲んだ。越は敗れて、「越王みずからが臣となり、妻を妾に進呈しよう」と申し出たほどの屈辱的投降を強いられることとなった。越王は、「会稽の恥」を深く念じて忘れず、「臥薪嘗胆（ガシンショウタン）」して復仇を誓い、みずから耕作し、妻には機（はた）を織らせて、十年にわたって民力を蓄えたすえ、呉王が会盟のため北方に出向いている留守を襲って、前四七三年、ついに呉を滅ぼしてしまう。

「この時に当たり、越の兵、江淮（コウワイ）の間に横行し、諸侯みな賀して覇王と号す」（『史記』）

とあるように、これが越の最盛期であろう。ひき続いて、戦国時代の末、越王無疆（ムキョウ）は、北の斉を攻め、西の楚（ソ）と戦い、その勢力は今日の銭塘江や新安江の上流、つまり安徽省の南東と江西省とに及んだ。いわばこれは、追いつめられた越人の最後を飾る輝かしい百年間であった。

ところが、長江の中流にいた楚の威王が反撃に転じて越を破り、無疆を殺し、ついに浙江（銭塘江）まで東進して来る。数年前、武漢西方の楚王の墓から、「越王句践」の名剣が発見された。銅合金の刃はすかしもようを帯びて輝き、つかにはトルコ石をちりばめてある。それはこの戦いの戦利品かもしれない。越はそれ以来史上から姿を消してしまった。ではその部族は、いったいどこへ消えうせたのであろうか。

秦・漢のころ、銭塘江の南岸から福建にかけての沿海地方に、東越、閩越（ビンエツ）、南越など「～越」と名のるさまざまな小国が割拠していた（百越と総称する）。これこそ、かつての越の部族の分裂したものである。漢の高祖は、越人の王族の一人王揺（オウヨウ）を立てて越王とし、一族を統率させた。

浙江省の南部と福建省とは、山地が多く原始林におおわれ、中国の中心部からここに入ることは容易ではない。南越は今日の広東省まで南下して広州に都した。そして南越王趙佗は、隠然たる独立の構えを見せて、容易に漢の支配を受けなかった。彼は漢王朝に送った手紙の中で、みずから「蛮夷長老南越王」と名のっている。がその後、漢は越族相互の勢力争いを利用して、閩越―東越両族の間を裂き、前一三七年、東越の越人は一族こぞって、「江淮の間」に移住させられた。ここは淮河下流の沿海地区(海抜数メートルのアルカリ性土地である)、および漢の盧江郡の地であり、ひどい湿地帯で、当時まだ漢人が開発をしていなかった所である。その後、越人の仲間争いがおこって閩越はまた南越と対立するようになる。漢の武帝はしだいに間隙に割りこみを策し、前一一一年、またもや閩越人を江淮の間に移させた。この二回にわたる民族移動が功を奏したものであろうか、漢はようやく浙江省と福建省とを漢人植民地と化することに成功した。また、漢の武帝は紀元前一一一年、水陸から大軍を送り、ついに南越国を滅ぼした。南越の人びとは、かねてから南海ぞいにベトナムまで分布していたが、この後は南越王庭の一党をあげて海岸ぞいに南へ移り、トンキンデルタに定着することとなった。

近ごろ、越人の本拠であった会稽の東方、余姚県から六千年前の水田跡と炭化した種モミが発掘された。越人はじつに古い米作民族であった。紀元前三世紀ごろ、倭国に米をもたらしたのは、彼ら越人であろう。彼らは北からじりじりと迫ってくる漢人の圧迫を避けて、木の葉のような舟に乗り、西から吹く季節風に乗って東海の島にたどりついた。田の神や水神（竜神）の祭、かがし、虫やらい、歌垣（かがい）の風習など、米作りにともなう習俗は、彼らによって日本に伝わったらしい。

『漢書、地理志』の注には「交趾（今のハノイ）より会稽（今の浙江省、紹興、有名な老酒の産地）に至るまで、百越雑処し、おのおの種姓あり」とのべている。また漢のころにも、安徽省の南半と江西省は、なお南蛮の地と見なされていた。「越人、変をなさんとするときは、必ずまず余干の界中よりす」（『淮南王諌伐閩越書』）といわれている。余干県は、今日の江西省と福建省の境にあり、むかしから「干越」と呼ばれる越族の住む地であった。

やがて紀元後四世紀に、いわゆる三国時代を迎えると、（北は魏の曹操、西は蜀の劉備が支配した）江南の地は呉の孫権の支配下に入る。この呉を再三にわたって苦しめた「山越」という部族の名が、歴史に登場する。山越は、江南の丹陽郡の山中、および江西省の臨川や鄱陽郡に出没して、しばしば漢人の統治に反抗した。

「戦えば蜂のごとく至り、敗るれば鳥のごとく竄げ、前世より以来、羈ぐことあたわず」（『三国志、呉志、諸葛恪伝』）

とあるのは、「山越」の生態を生き生きと描いている。干越や山越の姿は中古中世をへて近世にまで至る永い間の、華南の山中民族の姿をまざまざと思い起こさせる。華南の苗族や傜族、ならびにタイ系の壮族（＝僮族）の反乱とまことによく似ている。

苗や傜も、広い意味においては、やはりタイ語系の言語を話す山間部族である。とくに福建省山間の傜(ヤオ)族は、むかしの越族王揺の後をひく人たちではなかろうか。してみると、古代の越↓秦・漢の百越↓漢代の干越↓三国時代の山越↓今日の傜(ヤオ)族の間には、脈々とした系譜が続いていることが判明する。じわじわと南下する北方漢人に対して、三千年にわたって、陰に陽にレジスタンスをくり返しつつ、その大半は漢人と同化し、その一部が南の山中へ、南海のほとりへと追いつめられて行ったのである。

龍

竜神の信仰

ベトナムとは、「越南」という漢名をその地の漢字音で読んだ発音である。ベトナムの地の固有の言語では、漢語とは反対に、修飾成分がうしろに位置した。したがって「越南」とは、「南の越」ということ、つまり漢代に広東地方にあった「南越」と同じ名称である。古代ベトナム人は彼らが漢代の「南越」の子孫であると信じており、また竜王の化身である英雄の加護によって、漢人の征討を退けて国を守ったという筋の伝承を、さまざまな形で伝えている。竜王をトーテムとしたのは、春秋戦国の越の人びとであった。越は禹(ウ)を祖神とし、会稽山に禹を祀(まつ)っていたと『史記、越世家』にしるしているが、じつは禹は八虫類を描いた象形文字である。また竜は、頭に王冠をいただいた大蛇の姿である。形こそちがえ、ヘビであることは同じであった。越の後身である漢代の南越・東越・閩越もまた「断髪文身」(竜蛇の姿にあやかろうとするのである)して水中にもぐり、竜王の加護を信じていた。『史記、周本紀・集解』に、後漢の応劭(オウショウ)の説を引いて、「越人は常に水中に在り。故にその髪を断(き)り、その身に文(いれずみ)し、もって竜の子に象(かたど)る。故に傷害にあわず」とのべている。近ごろ江西省東部貴渓県から、多くの断崖の墓が見つかった。墓は渓流にのぞむ断崖の洞穴を利用したもので、木製の舟型、棟のつき出た家型の棺に収められている。またその陶製の台にはヘビが描かれている。貴渓はかの「干越」の居住地であった。

竜の姿になぞらえた竜舟に乗って水上を渡り、競漕をする習慣は、今日の福建・広東に残り、日本の長崎(ペーロン競漕)沖縄の「ハーレー」などにも伝わっているが、同時にまたベトナムからタイの沿海地方にも広い範囲にわたって保存されている。しかも「竜船競渡」の風習の起源はきわめて古く、つとに三国時代のころの記録に見えている。また南宋の都杭州では、皇帝が清明節に竜船の競漕を見物するのが例であった。おそらくこれは、竜王をたたえる水上の祭礼であったのであろう。

タイ語系のことばを話す南越人が、中国の沿海地方を南下してインドシナ半島のトンキンデルタに入ったとき、そこにはモン・クメール系の言語を話す原住民がいた。この両者が混血して今日のベトナム人の祖先となったものと思われる。また、オーストロアジア系の人たちの影響も、多少ともベトナムの地に及んでいたにちがいない。しかし後漢からあと、この地にもしだいに漢民族が南下して来て、文化や言語の面では、強烈な漢化の現象が起こって来た。日常の衣食住の習慣はもちろん、儒教・仏教や朱子学の影響もいちじるしい。そこで今日のベトナム語は、三国時代・唐代・近世華僑のことば——という三層におよぶ漢語の影響をうけて、はなはだ複雑な性格をおびることとなった。しかし「ベトナム漢字音」の主流をなすのは、唐代長安の発音をなまったもので、それは日本の「漢音」と源流を同じくする。

三　風の使者——鳳凰

風の神と殷人

まず漢語の風ということばを考えてみよう。この語は『詩経』の中では、心(シム)・林(リム)・南(ナム)など、əmに終る語と韻をふんでいるので、əm型の韻母をもっていたことが明白である。しかも風（語頭の子音はP）—嵐(ラム)ləmは同じ形声文字の系列に属するので、上古には風*pliəmという語形であったと推定される（*印は上古の漢語を推定した発音）。今日のタイ語では、rum・lum（かぜ）という形で残っているが、それはむしろ語頭のpが脱落した形であろう。中国の文献の中にも「かぜ」を意味する語がpl型の複声母をもっていたことを暗示する例が少なくない。たとえば楚の詩人屈原の『楚辞』には、天界をかけめぐる風神が登場する。

望舒（月の御者）を前にして先駆せしめ、
飛廉（風の神）を後にして奔属せしむ。
吾(われ)、豊隆（風の神）をして雲に乗り、
宓妃(フッピ)（洛水の女神）の在る所を求めしむ。

と歌われている。飛廉 pıər-lıam と豊隆 pıong-lıog とは、どちらも pl を声母とした「かぜ」を意味する語が、のち二音節に分裂して書かれたものであろう。ことに飛廉の原型 *plıam は、まさしく風 *plıəm と同じことばにちがいない。飛廉はまた蜚廉とも書く。漢の武帝は、仙人にあやかって風に乗ろうという幻想をいだき、長安に蜚廉閣という高い楼閣を建てた。風＝蜚廉であるということは、漢代にもなお通念として存在したらしい。

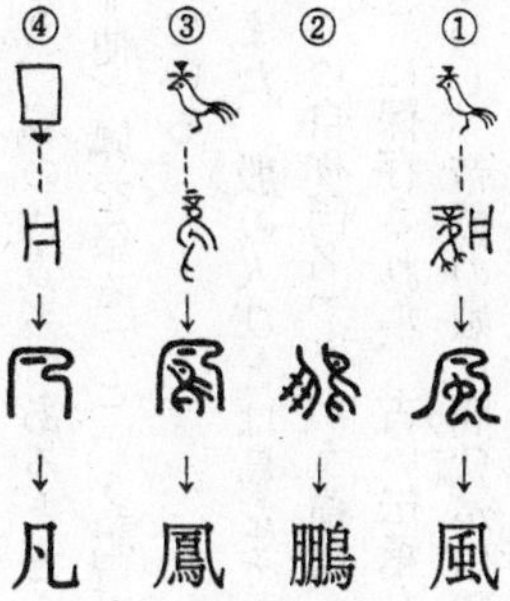

① → → → 風
② → 鵬
③ → → → 鳳
④ → → → 凡

ところで、字形表を見ると、鳳凰の鳳と風の字とはもともと同じであって、①③に示すとおり、どちらも冠を頭にいただいた大鳥の姿である。のち音符として、四角く張った帆の形、「凡」(pıam-pıam ポムまたはパムと発音した)をそえた。篆書以後の字体では「虫(動物を代表する)+音符凡」と書くようになったが、これは甲骨文字の示す原形とは一致しない。さて、風=鳳であったとすると、鳳とは「風神の使い」であり、風の代表者であると考えねばなるまい。殷墟の卜辞には、じっさいに「帝の史(=使)鳳を祭る」という記事があり、鳳は上帝から派遣される風神の代表と考えられている。

また、殷(イン)の人びとは鳥をその祖神と考えていた。『詩経』の「商頌(ショウ)」(商とは殷の人たちの自称国名)という篇は、殷の古習を残した宋(ソウ)の国(殷の遺民を集めて建てた小国)に保存された、古い伝承を伝えている。いまその「玄鳥」の詩を見ると、むかしむかし、帝嚳(コク)の娘、簡狄(カンテキ)が川辺で水浴をしていると、玄鳥(黒い鳥)が来て卵を落とした。それを呑んで生まれたのが、殷の始祖、帝契(セツ)(=少皞(ショウコウ))であるという。つまり鳥が彼ら殷人の祖先だということになる。

また、殷の一族はかつて山東半島の中部をも占有していたが、その諸種族の中には、「風姓」(とり)を名のる者が多かった。彼らこそ、鳥をトーテムとする太古の殷人の伝統を最もよく保存していた人びとであろう。『春秋左氏伝』には、山東の郯(ダム)国(=譚国)の王が、周の親藩であった魯(ロ)の国に来たときの問答がのっている。邵子(ショウシ)問うていわく「少皞氏(殷部族の祖)の、鳥もて官に名づけしは何ぞや?」郯子いわく「吾が祖なり。……むかし、我が少皡摯の立つや、鳳鳥たまたま来たる。故に鳥を紀となし、鳥師（鳥をトーテムとする集団）となり、鳥もて官に名づけたり」とある。そして以下に、鳳鳥氏・玄鳥氏・爽鳩氏……など、さまざまのトリを姓とする山東の諸部族の名を紹介している。

郯国は、少皡氏（殷の祖先神）を始祖とするから、明らかに殷の一派である。「鳳鳥たまたま来たる」というのは、「玄鳥たまたま来たって卵を落とす」というのと同種の説話である。この郯国は、のち春秋時代の末まで存続し、斉の桓公のたび重なる猛攻を受けて滅亡した譚国のことで、先年発掘された山東省済南市の北、城子崖の遺跡は、その土城のあった所である。城子崖の下層からは、安陽の殷墟よりはずっと古拙な器物や、甲骨の断片（きわめて簡単な記号ふうの印が刻まれている）が発掘されており、安陽よりは低い文化をもった殷人の仲間が、ここに住んでいたと考えられる。さらにその最下層からは、竜山文化の遺物が出てくる。

鳥と縁の深いこれら中国の沿海の住民については、なお次の記録にもその片鱗をのぞかせている。

冀州には、鳥夷ありて皮服す。

揚州には、鳥夷ありて卉服（草の衣）す。（『書経、禹貢』）

この『書経、禹貢』という一篇は、戦国時代のころ、紀元前四世紀に書かれたと思われる中国最古の地理の書である。冀州とは今日の河北デルタであり、揚州とは揚子江の下流の北岸の地である。そこの住民が「鳥夷」であって、皮や草の衣服をまとっていたことが、この記事によって明らかである。「鳥夷」というのは、おそらく鳥をトーテムとした部族のことであろう。

殷の開祖には、また王亥（オウガイ）という人がいた。殷墟の卜辞の中では、上甲とともに、この王亥がさかんに祭られている。上甲も王亥も、明らかに殷の祖先神であるが、とりわけ「王亥」という字は、図のように鳳凰をともなった姿で示されている。

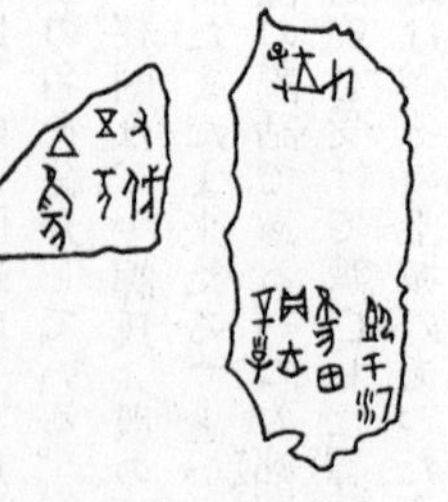

即于河
亥・上甲
貞　王・
A →辛　巳（中国の胡厚宣氏蔵の甲骨）

B ←又　伐
五　羌・
王・亥（京大蔵の甲骨）

Aは「辛巳（シンシ）（の日）に貞（き）（＝偵）く、王亥と上甲とを河に即（ソク）しめんか？」（王亥と上甲との二人を、河伯の祭祀のさい、食物を供えていっしょに配食させてよいか）と解読される。Bは「又（侑祭というお祭）のとき、五羌（五人の羌族の捕虜）を、王亥に（供えるため）、伐（首を切る）せんか？」と読まれる。この王亥の亥という字が、AB両者とも鳳凰の姿を冠して描かれていることは、とりわけ注目すべきであろう（右図の万の字のような印がつまり亥の古い形であり、その上にかぶさったのは大鳥の姿である）。

してみると、殷の祖先神が、鳥ときわめて縁の深いことは、もはや疑う余地もない。今日の山西や陝西など、西北の高地に住んでいた遊牧人は、犬方、羌方のように、イヌ、ヒツジなどの動物をトーテムとしている。それとまったく対照的に、東方のデルタや山東省にいた殷系の人びとは、鳥をトーテムとしていたのである。

鳳凰のイメージ

鳳凰の鳳ということばは、じつは風と同系であって、天帝の使者である「風神の鳥」であることを説明してきた。また凰のほうは、皇や王と同系の語で、「鳥の王者」を意味していることは、疑いもない。この鳥は既述のように、河北デルタから山東にかけて住んでいた殷（東夷）の人びとのトーテム神であった。トーテムとしてあがめられる動物は、その部族の祖先であり、かつ守護神でもあるから、親愛なる存在であると同時に、部族に光栄をもたらす聖なるしるしとして畏敬される。周が殷を滅ぼし、やがて華中から長江流域までを統治したころとなっても、彼らの「漢文化」の中には、太古以来の殷人の信仰がやや姿を変えて残って来た。それはつまり、鳳凰は太平のおごそかなるシンボルであり、また繁栄する世の到来を告げるめでたき前兆である——との信仰である。

太平の印　周の『詩経、巻阿(ケンア)』の詩は、周の成王の王朝に多くの賢臣が集まり、太平の兆の現れたことを追慕したことほぎの詩である。

鳳凰鳴矣　鳳凰は鳴きたり、
于彼高岡　かの高き岡に。
梧桐生矣　梧桐(ゴドウ)は生えたり、
于彼朝陽　かの朝(あさひ)てる陽(おか)に。

とあるのは、太平吉祥の印として、鳳凰と梧桐とをとらえたのである。山西省の農民は、今日でも「家有梧桐、鳳凰飛来」(いいことがおこるぞ)と言うそうである(張石山の小説『くわの柄』)。

孔子の嘆き　晩年にさしかかった孔子は、長年にわたる遊説がいっこうに効を収めないのを嘆息していった。

鳳凰不至　鳳凰至らず
河不出図　河、図(ト)を出(い)ださず

吾已矣夫！　吾已んぬるかな！（『論語、子罕篇』）

ここでも、鳳凰の出現は、太平の世の到来を告げる前兆としてのべられている。そこには、「玄鳥が来て卵を落とし、殷の開祖契が生まれた」（殷人の伝説）とか、「むかしわが祖先の少皞が立ったとき、鳳凰が現れた」（山東の風姓諸族の信仰）という太古以来の伝承の、淡い残影を見てとることができる。

このようにして、鳥の王者、鳳凰は抽象化されて、たんなる吉祥のシンボルとなった。今日残っている漢代以降の石刻や壁画の中には、頭に王冠をいただいた鳥が描かれている。これらの鳥は、いずれも孔雀に似ている。

ただし文献に「孔雀」という名が登場するのは長編の叙事詩として有名な無名氏作の「古詩十九首」に、

孔雀東南飛　　孔雀　東南に飛び、
五里一徘徊　　五里にひとたび徘徊（行きつ戻りつ）す。

とあるのがいちばん古い。この詩は後漢の末か三国時代の作品、つまり紀元後三、四世紀ごろのものだと考えられている。そもそも南アジア産のクジャクが、そう古くから北方漢人に知られていたとはどうも考えにくい。ところで甲骨文字や金文では、鳳・という字は早くから頭に王冠をいただいたオナガドリのような姿に描かれている。それはむかしの竜・という字が、やはり王冠をいただいた大蛇の姿を示しているのと並行した現象で、およそトーテム神というものは、このように王者（＝皇）として象徴されるのが常であった。王冠をいただいた尾の長い鳥の形は、後世に知られるようになった南方のクジャクの姿といみじくも一致する。そのため、たまたま両者の姿が混同されたのであって、鳳凰本来のイメージは、もともと太古の殷人や夷人の頭にあった「鳥の王者」の空想にほかならない。

四　西北の騎馬民族

四方の異民族

東夷・南蛮・北狄・西羌――の「四夷」のうち、最も早く漢人文化に同化したのは東夷である。魯公伯禽が東夷・淮夷（淮水流域にいた原住民）・徐夷（今の徐州あたりにいた）などを討った。南蛮のうち、最も有力であったのは、長江中流にいた荊蛮と長江下流の越族とであった。西周の穆王や東周の宣王が南征して荊蛮を退けた。また、周の王族の一部は、今日の蘇州・無錫の地に呉の国をたてて、江南の原住民である越に圧迫を加えた。それによって漢人文化圏は広く華中をおおい、やがて長江の流域までひろがった。しかし北狄（犬戎）と西羌（羌戎）とは、いずれも遊牧の民であって、肉・乳製品・皮革にはこと欠かないが、穀物と衣類をみずから生産することができない。いきおい周の領内に出てきて略奪をくり返す。紀元前九世紀のころ、周の中興の主といわれた宣王は、しきりに北狄（犬戎とも）と西羌とを討ったが、その末年には、むしろ周の軍（および王族大名の晋の軍）の旗色がさえない。遊牧人は西周の鎬京を攻め、西周の幽王を驪山（今日の西安市東二十キロ、華清池離宮の山）に攻め殺したため、紀元前七七〇年、周は都を洛陽に移して、「東周」と呼ばれるようになった。中国史の上で、紀年がはっきりするのは、これからあとである。しかし遊牧人は、洛陽近郊の伊水や洛水のほとりまで進出して洛陽の都をおびやかす。東周王朝は、諸侯の力を借りて、防戦につとめるありさまとなった。周の東遷のあと、今日の陝西省に興った秦（シン）は、北の犬戎を抑えつつ、比較的弱い羌戎をしきりに圧迫して、羌戎を黄河上流の山地高原に追い払った。この西羌は、随・唐のころの吐蕃（トバン）およびタングート羌族（党項）、すなわち今日のチベット族の元祖である。また、犬戎は秦・漢のころ、大きな騎馬民族国家を形成して「匈奴（キョウド）」と呼ばれた人びとの祖先である。

それに対して南方はどうであったか。簡単に復習してみよう。「蛮」のうちの荊蛮（ケイ）は、東周のころ漢民族文化に同化しつつ、今日の湖北省と湖南省の大半を領有する楚（ソ）の国を建てた。しかし、北方文化になじみにくい人たちは南中国の山間に退いて、今日の苗（ミャオ）族・傜（ヤオ）族となり、農耕に長じた人たちは、亜熱帯の山地にいどんで、今日の広西省壮（チュアン）族の源流となった。また、南蛮のうちの越族は今日の太湖以南の浙江省において、約六千年も前から米を作り、魚介をあさり、草ぶきの家に住んでいた原住民である。彼らは、一時は長江下流に覇を唱えて、呉や楚と張り合ったが、秦・漢のころには分裂して「百越」と呼ばれた。その主力は福建・広東両省に南下して、紀元前二、三世紀には広州に南越王国を建て、その勢力は交趾（コウチ）シナに及んだ。しかし漢の武帝によって広州の都を奪われてのち、彼らはトンキンデルタの原住民と混合して、今日の越南(ベトナム)人の元祖となった。南方の民族移動の詳細は「二　竜神の守り」でのべたとおりである。

犬戎から匈奴へ

北狄(テキ)すなわち犬戎が周の王朝をおびやかしたことは、すでにのべたが、紀元前四世紀、いわゆる戦国時代になると、彼らは大酋長（撐利孤塗(テングリコト)、天の御子(みこ)の意。それを略して単于(テンゴオ)→ゼンウと呼ぶ）のもとに団結して、匈奴(ホンノウ)→キョウドと呼ばれる遊牧民の大国家を作りあげた。匈奴の人びと（匈〈ホン〉を略して胡(コ)〈ホオ〉と呼ぶ。胡人(コジン)）は、穹廬(キュウロ)（ドーム型の天幕、今日の蒙古包(モウコパオ)の原形）に住み、日と月を拝し、男女ともに馬に乗って、鉄の武器を持ち、金細工をほどこしたバックルをつける。それをセルビイ serbi と呼び、中国では音訳して師比・犀比などと書き表した。近ごろ内外モンゴルや西方のカスピ海岸の墓から発掘された金銀細工は、彼ら遊牧人（東は匈奴、西はスキタイ人）が使ったもので、獅子(しし)・虎・馬などのたけだけしい動物の姿が刻まれている。単于(ゼンウ)とその同族および姻戚の幕舎が集まった所を「単于庭」と呼ぶ。遊牧民たちは、平常は羊と馬を追って、広大な草原に散在しているが、単于の号令一下、四方から単于庭に集まって大軍団を編成する。

戦国時代には、東周は洛陽に名ばかりの王朝を残していたが、すでに古代の貴族―奴隷の「封建体制」は崩れさり、鉄のクワで田畑を開いて租を納める農民が生まれた。各地にはかつて貴族たちに仕えた代官や将軍たちが、独立した軍閥国家を建てていた。それを「戦国の七雄」という。そのうち、匈奴に境を接する燕(エン)（河北省北部）、趙(チョウ)（河北省南部と河南省北部）、魏(ギ)（山西省）および秦(シン)（陝西省）などは、それぞれ国境に塞(とりで)を築き、塞の間を結ぶ長い城壁を築いて、匈奴の侵入をくいとめた。趙のごときは、匈奴の乗馬着にならって、袖(そで)の細い上着とズボンを採用した（胡服(コフク)という）。それまでの漢人は、長いそで、帯で締める長衣を着ていた。「胡人の服装をまねるとは」と趙国の貴族たちはしきりに反対したが、武霊王はその反対を押し切って、とうとう勇将李牧のひきいる兵団を実戦向きに改編した。

いっぽう犬戎の一支派で赤狄(テキ)・白狄(テキ)と呼ばれた人びとは、太行山脈ぞいに南下して、その東麓に「鮮虞(セング)、中山国」と呼ばれる国を建てた。近ごろ発掘されたその城跡（河北省霊寿県）からは、中国の影響を受けつつも、匈奴ふうの猛獣をあしらった青銅器が見つかり、彼ら独特の山型祭器と合わせて、なかば漢式、なかば犬戎ふうの混合文化を作りあげていたことがわかる。また黄河北辺の陰山山谷は、犬戎＝匈奴の大切な保養地、かつ出入の要路であるが、そこから馬や野獣を描いた素朴な岩壁画のほか、秦の影響を受けて漢字を刻した石板も見つかっている。国境では、馬・馬具・皮革・

羊毛などが取り引きされ、漢代に入ると、今日の大同付近に「馬市」が設けられた。北中国の人びとは、日常の生活ぶりにおいて、遊牧民の影響を少なからず受けたであろう。

万里長城

紀元前二二一年、秦の始皇帝は戦国時代の内戦に終止符をうち、史上初めての大帝国をうちたてると、やがて燕・趙・魏などの長城を連結して「万里の長城」を築いた。

「始皇帝三三年（紀元前二一四年）、西北にては匈奴を斥逐し、楡中（今の蘭州の南、臨洮の付近）より黄河に沿いて東し、之を陰山に属け、もって四十四県となす。また将軍蒙恬をして黄河を渡りて五原の地を取らしめ、亭障を築きて戎人を逐い、讁（流刑者）を徙して之を初らしき県に実たす……翌年、治獄（取りしらべと判決）の直しからざる吏（下役人）を適かしめ、長城および南越の地に築かしむ」（『史記、秦始皇本紀』より）

ここに遼東から臨洮に至る約二千八百キロの大長城ができあがった（のち漢の武帝のとき河西回廊にのびて、四千キロをこえるようになった）。将軍蒙恬は、始皇帝の死後、咸陽の都にあった二世皇帝とその補佐役をつとめた趙高ににらまれて、自害に追い込まれた。その時「私は大地の脈を断ち切って、神の怒りに触れたのであろうか」と天を仰いで嘆息したそうである。まこと長城は地脈を断つほどの大工事であった。

陝西省の西に、竜のように横たわる大山脈（隴（ロウ）山）がある。その中心を六盤山ともいう。一九三五年、毛沢東ひきいる赤軍がここを越えたとき、詩人でもあった毛沢東は、

天高く　雲淡（あわ）し、
望断す　南に飛ぶ雁。
長城に到らずば、好漢にあらず、
指を屈すれば　行程二万

とうたった。その山脈の西、すなわち「隴西（ロウセイ）地区」（今日の蘭州地区）が、紀元前の漢民族植民地の最先端であった。長城の西端が今日の蘭州のあたりまで築かれると、匈奴の動静に詳しい隴西の漢族パイオニアは、漢人文化圏の先端となって、はるか西と北との遊牧民に接触するようになった。のち漢の勇将といわれた李広および李陵は、この隴西の武門李氏の出である。また紀元後四百年代に西涼国を建てて河西回廊を支配した李暠（リコウ）も隴西の人であり、唐の開祖李淵はその子孫である。有名な詩人李白もまた、この一党の出であり、父は一家をともない、西域に移住していたという。

五　シルクロードの諸民族

流砂と崑崙

中国の古典『書経』のうち、「禹貢」という篇はそう古いものではない。たぶん秦の始皇帝よりしばらく前、前四世紀ごろの物識りが、地理的な知識をまとめたものであろう。その中に、

「弱水（今の張掖から北上するオチナ河）を導きて合黎（タクラマカン砂漠東方の疏勒河）に合せしむ。その余波は流沙に入る」

「織皮・崑崙・析支・渠捜（流砂をめぐる四国）ありて、西戎叙（＝序）に即く」

とのべている。今日の張掖・酒泉の西方に、風のままに流れて動く大砂漠があることを、彼らはおぼろげながら知っていて「流砂」と呼んだ。また崑崙とは、もとコロンコロンとしたつぶらな石――という意味であり、それは崑崙山脈（山の名としては、山がんむりをつけて書く）から採取されると考えられていた。乳白色や緑のつやつやしい玉は、殷周時代から、はるか東方に運ばれて、さまざまのみごとな玉器に彫りあ

げられて珍重された。のち、漢の武帝の遠征軍が西域に足を踏み入れて、初めてタクラマカン砂漠（いわゆる流砂の地）の南境に、屏風のように連なっている白雪の大山脈を遠望し、それをコンロン（崑崙）と命名することとなった。今日でも、コンロン山脈とその西につらなるカラコルム山脈との渓谷から玉の原石が採集されて、西域南道のホータン（むかしの于闐国）に集められている。

流砂と昆侖の産地とは、旅人の話、隴西の李氏らの得た情報をもとに、おぼろげながら漢民族に知られてはいた。しかし漢が「河西回廊」のオアシスを開拓することによって、いよいよ現実に漢民族の視野に入ってきた。

西方の馬

今日の西安市（昔の長安）の東方二十五キロの所に、始皇帝を葬った驪山の陵がある。天井には星座を描き、床上には黄河と長江にかたどって水銀を流し、「人魚の脂」を燃やす万年灯を点じたと伝えられるが（『史記、秦始皇本紀』）、陵墓は秦の二世皇帝胡亥のとき、函谷関を破って進撃した農民一揆のため破壊され、紀元前二〇六年には、また項羽の兵によって荒らされた。おそらく墓の内部は原型を留めていないであろう。しかし一九七四年に、陵墓の東一・七キロの地で、人民公社の人たちが井戸掘りのさいちゅうに、地下約六メートルの層におびただしい人馬俑（はにわ）の埋まっているのを発見した。その総数は六千体と推定され、陶製の俑は一八〇センチもの背たけがある。梁や支柱が焼け崩れているのは、項羽兵団が俑の手にした本物の武器を奪ってから、油を注いで火をつけたためであろう。全員が東を向いて整列しているので、たぶん始皇帝の「東軍団」になぞらえたものであろう。この軍団は、なお歩兵と車輌を主としており、全員が騎馬姿というわけではない。ところが秦に代わった漢の初め、初代高祖と二代め恵帝のころの宿将であった周勃の墓からでた約六百体の俑は、形は四〇センチと小型であるが、全員が騎兵である。高祖が天下統一ののちまもなく、不用意に長城の外に兵を進めたため、大同付近で匈奴の重囲に陥って、屈辱的な和約を結ばされたことがある。それからというもの、漢は血眼になって騎馬兵団の養成につとめた。ところが中国在来の馬は背が低く、匈奴の持つ足の速い西方系の馬には、とうてい対抗しがたい。紀元前二世紀、漢の第七代め武帝の時になって、衛青・霍去病らの部隊は、祁連山脈の北麓ぞいに、金城→武威→張掖→酒泉と屯田兵のオアシスを西方にのばし（最西端は敦煌）、ついにその地に放牧していた匈奴の右翼を撃破した。武帝はなおも天山南路ぞいに大軍を西に派遣し、ついに烏孫国（天山山脈の西端にあった。今日のイリ地区）と大宛国（天山西端の谷間盆地、フェルガナ地方）などの馬の産地をおさえて、彼らが「天馬」「汗血馬」と呼んだあこがれの馬を中国に連れ戻って、漢の騎馬兵の実力を高めた。

後漢の時代（紀元後一、二世紀）に入って、将軍竇憲らは、トルファン（車師国前庭といった）をおさえてからさらに北に進み、天山の東端からアルタイ山麓にかけて退避していた西匈奴を、さらに西方へと退けた。また竇憲の配下に育った班超は、楼蘭をおさえようとしていた匈奴の使者たちに夜襲をかけた。彼が「虎穴に入らずんば、虎子を得ず」と言って、わずかな部下を激励したことは史上名高い語り草となっている。班超は、二十三年にわたり「西域都護」として、今日の庫車（むかしの亀茲国）・喀什（むかしの疏勒）・于田（むかしの于闐国）などのオアシスをたくみに支配下に収めた。西匈奴は、その後さらに西へと移り、三世紀から四世紀にかけて南ロシアに現れて「ヴォルガ匈奴」と呼ばれた。彼らはのちゲルマン人を破り、ハンガリーに入って農耕の民となった。

鮮卑と北魏

匈奴の主力は東方モンゴルの砂漠の北に残った。彼らは紀元四、五世紀には勢力をもり返して南下し、しきりにオルドスの地と華北に進出した。いっぽう、むかしの匈奴の配下にあった東部部族をひろく「東胡」という。東胡族は大興安嶺から旧満州の地にわたって、狩猟と放牧を営んでいた。そのうち大興安嶺山林に本拠をもつ鮮卑族はしだいに山の西麓から内モンゴルへと移動し、紀元四、五世紀には彼らもまた長城の北に姿を現した。そして匈奴系の諸部族をも討ち従えて、やがて「北方の雄」となってきた。鮮卑とは、彼らが帯鉤(バックル)のことを serbi と呼んだことにもとづくという（『史記』『漢書』ではそれを師比・犀比などと書き表していた）。鮮卑族は旧満州にあって半農半猟をいとなんでいた扶余(フヨ)国と、その分かれである高句麗に、馬や甲冑(かっちゅう)・馬具・金細工・獅子像（こまいぬ）などを輸出したが、その影響は朝鮮をへて遠く倭(ワ)国にまで及んできた。埴輪(はにわ)の武士が身につけた甲冑やズボンの姿は、まさに東胡―高句麗の人たちを思わせるではないか。

いっぽう鮮卑の大酋長は五世紀には山西省大同（平城京）に入って、北魏(ギ)王朝を建てた。彼らは護国の教えとして仏教を取り入れ、半世紀にわたって大同雲崗に石仏群を造り、紀元四九四年に、都を洛陽に移してのちは、また竜門の石仏群をこしらえた。蘭州の黄河劉家峡(リュウカキョウ)にある炳霊寺(ヘイレイジ)や敦煌(トンコウ)の千仏洞も、このころに始まる。こうして中国の南北朝時代（六朝とも）が始まる。漢人の金持や豪族は、今の南京、蘇州の地へと移り住み、江南では漢民族の王朝が交替したが、淮河以北長城にいたる広い地域は、遊牧民の流れを引く王朝に支配され、漢民族と胡人との混交が一段と進んだ。「木蘭従軍」という歌物語は、このころ華北の漢人が作ったものである。

東と西の突厥

匈奴の末流にあたる北方の胡人は、みずからを勅勒（チュルク）と呼んでいた。六朝の楽府（ガフ）（民謡）として漢訳された無名氏の作、

「勅勒川　陰山麓、
天似穹廬（キュウロ）（包（パオ））籠蓋地、
風吹草低　見牛羊」（『楽府詩集』）

の「陰山」は黄河北岸の陰山山脈をさしており、「勅勒川」（チュルクの川）は、五原（オルドス）の黄河をさしている。同じくトルコ人の複数Türkeを六、七世紀隋唐のころには突厥（トウルケ）とも音訳した。隋唐のころ、この突厥族は東西二千キロにわたるゴビと草原をおさえ、ほぼ漢代の匈奴に匹敵する大集団となった。隋（六、七世紀）の歴史をしるした『隋書』の中に、突厥の由来をこう説明している。

「突厥の先は、平涼（内モンゴル）の混血胡人で、アシナ氏と名のった。のち五百家をひきいて茹茹（ジョジョ）（今の哈密（ハミ）の近くにいた遊牧人）の地に移り、代々金山（アルタイ）の麓に住んで、冶鉄にたくみであった。金山（アルタイ）の山はカブトに似た形をしており、彼らはカブトをチュルクと呼んだので、それを部族の名としたのである。一説によると、その先祖は西海のほとりに居たが、隣国に攻められて男女みな殺しにされた。一人の子どもだけ難をのがれたが、メスの狼が肉をくわえてきてその子を育て、

やがて狼と交って子が生まれた。隣国の使者が、その子をも殺そうとしたが、メス狼が側にいるので近づけない。使者が狼を殺そうとすると、狼は神がかりしたようにひらひらと舞いあがり、高昌(トルファン)の西北の山（アルタイ山脈の南端）に至った。麓には洞穴があった。その中に入ると、平地の草原が、方二百里（百キロ四方）もひろがっている。その後、狼は十人の子を生み、そのひとりがアシナ氏となった。アシナは賢く、やがて酋長となって一族をひきいた。突厥の本陣幕舎の入口に、狼の大旗を立てるのは、その本を忘れないことを示すためである」

→→犬

突厥の本拠は内外モンゴルの地であったが、西突厥は分かれて、漢代の烏孫の故地、つまり天山山脈の西の端へと移り、その峡谷のタシュケント（石国）・千泉に本拠を置いて、天山北路を支配した。唐の太宗のとき、玄奘(ゲンジョウ)三蔵がインドを訪れる前に、わざわざ北に大回りをして西突厥可汗(カーン)の通行の許可を乞うたのは、彼らがアフガニスタンやパキスタンの地まで、隠然たる勢力を誇っていたからであろう。

七世紀、唐の太宗―高宗は東と西の突厥を討ち、また東では朝鮮の百済(クダラ)と高句麗とを滅ぼし、西ではトルファンにあった麴(キク)氏（蘭州の漢人）の建てた高昌国を滅ぼし、新たに天山北路を支配下に入れ、唐の先端屯田地は、今日のタシュケント（石国）にまで進んだ。しかし紀元七五一年、唐軍はサラセン朝の軍隊と戦って敗れ、しだいに西域から後退を余儀なくされた。

ウイグル人の移住

紀元七五六年、安禄山（雑胡の出＝父はソグド人、母は突厥人だという）が北辺の胡兵軍団をひきいて洛陽と長安を攻めおとす。唐の第六代玄宗は、四川省成都に逃れると、後をひきついだ粛宗は、黄河上流にいた回紇（ウイグル）（これもチュルク人の一部）に救援を求めた。回紇騎兵は内乱の平定に一役を買ったすえ、多量の報酬を唐に強要して、いったんオルドス地区に戻ったが、北方モンゴル草原にいた勇猛なキルギス人に急襲されて壊滅し、その主力は河西回廊を流れ流れ、ついにトルファンに入って農耕の民となり、唐末から北宋にかけてウイグル王国を築いた。

いっぽう西突厥は、アルタイ山麓に「聖なる狼」を祭るのを例年の行事としたというが、その根拠地はしだいに中央アジア、アラル海の方へ移った。その分れは今日のハザック族やウズベク族であり、最も西に流れついて農耕化したのが、後のセルジューク朝、およびオスマントルコの人たちである。回紇（ウイグル）・ハザック・ウズベクなどが主たる住民となった中央アジアの中心部を、欧米では「トルキスタン」（トルコ人の住む地）と呼んでいる。

十二世紀にモンゴルに興って大国家を築きあげたジンギスカンの一代記『元朝秘史』は、

「天(テングリ)から命を受けて生まれた蒼い狼(チイナ)があった。彼の妻、美しい鹿が大きな湖を渡ってやって来た……」

という文句で始まる。東方の内外モンゴルの地に残った人たちもやはり狼（野犬）をその元祖だとしてあがめていた。「狼は、遊牧民にとって最も恐ろしい動物である……遊牧民が武装して強い番犬をつれているのは、この狼群から家畜を自衛するためである。……狼は神獣として畏(おそ)れられるようになり、モンゴル族が狼から生まれたとさえ考えられるようになった」（岩村忍・勝藤猛『大蒙古帝国』より）。太古の犬・（犬戎(ジュウ)＝北狄(テキ)）→突厥族の聖なる狼・→モンゴル族の蒼き狼・の間には、長い長い遊牧人の歴史のつながりがある。民族の伝統とは、なんというシンの強いものであろう。そして東方のモンゴル人と、西方のトルコ系諸民族とは、今日はるかに隔たっているけれども、もとはといえば、東西突厥の血を引く親類なのである。

Ⅲ　風土と生活

一　数の起源

十進法――一から五まで

十進法は、いうまでもなく左右両手の指を計算器としたすこぶる便利な数え方である。中国の十進法には、一二三……と数える方法と、甲乙丙……と数えて癸(キ)で一巡する方法とがある。前者は二十、三十、百、千、万と進んで無限に至るが、後者は癸からまたもとに戻って甲乙丙……と巡回する特殊な数詞であるから、後にのべる。まず一二三から説明を始めよう。

一二三は、それぞれ横線でもって棒の数を示した指事文字である。ところで一 iet ということばは、「いっぱいにつまる」という意味の壹(イツ)とまったく同音である。③壹はツボ（壺）の入口を固く結んで、中にいっぱい酒をしこんださまを示す字で、「壺(つぼ)＋音符吉(キツ)から成っている。詰（いっぱいつめる）―結（ひもでかたくしばる）とも縁が近く、ことに噎(イツ)（ノドもとでつまる）はきわめてよくその原義を残している。ではなぜ一を iet と称したのであろうか。それは手を固く握って拳骨(ゲンコツ)をつき出し、1という数を表したものか、あるいは固く握った拳骨の握りしめを破って、最初におや指一本

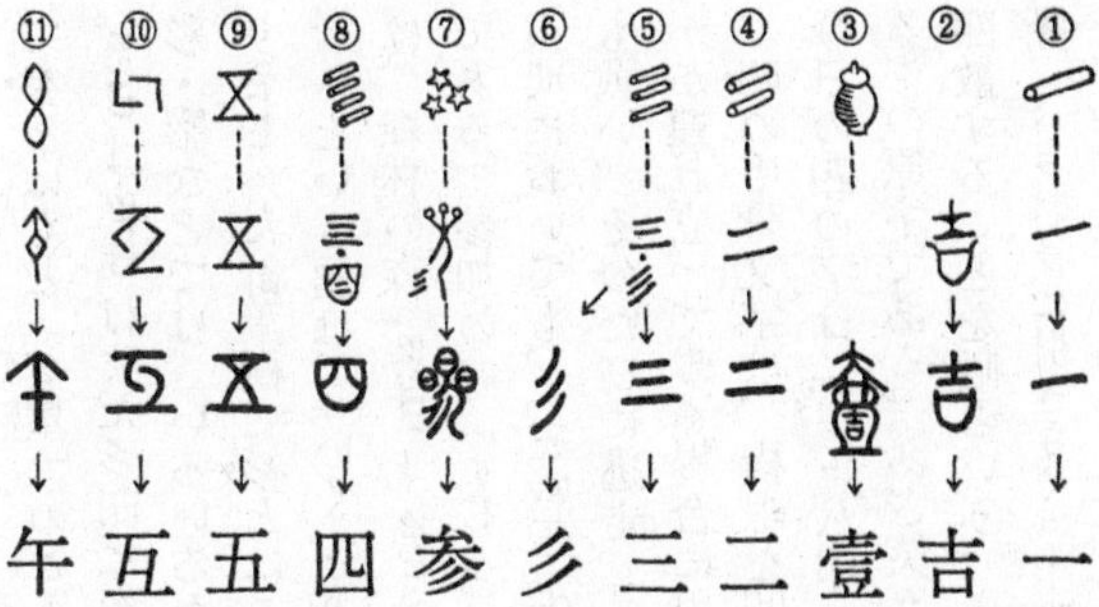

① 一→一→一
② 吉→吉→吉
③ 壹→壹
④ 二→二→二
⑤ 三→三→三
⑥ 彡→彡
⑦ 参→参
⑧ 四→四→四
⑨ 五→五→五
⑩ 互→互→互
⑪ 午→午→午

を伸ばして1を表したか、どちらかによるのであろう。手ぶりとしては初めのほうがより事実に近い。要するにイチとは、固く結んでひとつにつめこんだ数ということであろう。

二は、*nier→ni（ニ）→ri（ジ）と変化した。呉音ではニ、漢音ではジと発音して、日本語でそのまま借用している。自分と並んでいる相手を爾（ニ・ジ）といい、北京語では你 ni という。近くにあることを邇（ニ・ジ）といい、親しくひっつくことを昵懇（ジッコン）の昵（ニチ・ジッ）という語で表す。二人が思いやって親しむことを仁という。してみると、二―爾―昵―仁などは同系のことばで、すべてそばにくっついて並ぶ意味を含んでいる。2を（ニ・ジ）と称したのは、おや指と人さし指の二本が、二つくっついて並ぶ姿をとらえた呼び名であろう。

三はいうまでもなく、横線三本から成るが、証文の数字に用いる参の原形は「。印三つ＋人＋音符三」から成っている。⑦参の字の上部は、輝くオリオン座の三つ星の姿であろう。したがって参とはもと「参星（みつぼし）」のことであった。しかし三―参はもちろん同系の語である。三*sam→sam はまた彡印に変形して、杉―衫などの字の音符として用いられる。また彩・影などでは、いろいろなもようを示す意符となる。杉とは細かい葉のなん本も入りまじった針葉樹、衫とはこまごまと肌につける小さい肌着類のことである。そこでサムという語は、「いくつもまじっている」という意味を含むと考えられる。といえば、森林の森 *siəm→siəm は三と同系の語で、これもなん本もの木のまじったものである。参加の参（まじる）や参差（シンシ）の参（まじる）もまた同様である。そこで中国の古典においても、「三戦三走」といえば、必ずしも三度というのではなくて、「なんども戦い、そのたびに逃走した」という意味に用いている。「三々五々」とは、なん人かが連れ立って歩く場合に用いる慣用語である。

四の甲骨文字は、横線を四本並べた形で4という数を表した簡単明白な字である。今日の四の字は「口（くち）＋八印（分かれる）」から成っており、後世の呬（シ）（シーッと失笑する）の原字である。あざ笑うとき、口から息がシーッと分散して出てくる。その息が四散することを呬（シ）という。それは死（シ）（魂が分散して体を離れ出る）と同系の語であり、撕（シ）（バラバラに引きさく）―澌（シ）（水が分散して流れさる）―嘶（シ）（馬がヒンヒンと息を分散させていななく）などとも、一脈の縁がある。4という数をなぜシ *sier→siei→si.

と呼んだかといえば、それはバラバラに分解した（四散した）数だからであろう。東西南北のように、それぞれ分散した方角を四方というのは、よくその感じを出している。

五は上下の線の間に×印をはさんだ字で、いうまでもなく交叉(こうさ)する、クロスするさまを表している。互という字は、カギ型が上と下からかみ合ってクロスしたさまを表すから、五(ゴ)―互(ゴ)はまったく同じことばを表すといってもよいほどよく似ている。そこで、Aが話すとBが答え、Bが言えばAが受ける――というように、交互に対話することを吾（口＋音符五）といい、のち語と書くようになった。また二本の木材をかみ合わせてはめこむ細工を枑といい、「木＋音符互」の字で表すのである。五―互―枑―語などが一連の家族を成し、「交叉する」という意味を含むとすれば、なぜ5をゴ *ngag→nga→ngo と称したかがわかるであろう。指で数えるとすれば、1から5までを←の順に数え、5の位置で→の方向にバックして6～10と戻る。全長一〇〇メートルのレースならば、五〇メートルでターンする。5は前半と後半とのクロスする点に位置するので、これを五と称したのである。なお⑪午の字は、交互に上下させてもちをつく杵(きね)の形を描いた象形文字である。五と午とはまったく同じ語形であって、キネを杵と称したのも、それが交互に上下させる道具だからである。ところで、子丑寅……と数える十二進法でも、午はちょうど前半と後半とのクロスする点にあたる。

時間でいえば、正午は午前と午後の交叉点であり、一二〇メートルのレースなら、六〇メートルでターンする。十進法のまん中をゴ（五）といい、十二進法の中央をゴ（午）というのは、いずれもそれが交叉点にあたるからである。

十進法——六から十まで

六という字体は入の字によく似た形であり、孫詒讓（ソンイジョウ）の『名原』では半円の形だと解しているが、私は、ものがその中に入りこむ、左右に分かれた穴、すなわち、女陰のしるしであると思う。後世の字形がその下部に八印（分ける意を含む）をそえて、六という形となったのは、女性性器が右と左に分かれるごとく、6が3と3に二分される数だからである。七の字は切の字の原字で、十印を下端で切り取ったさまを示す。7をなぜ ts'iĕt と称したのであろうか。7は二分することができず、分配するにも端数を切り捨てねばならない。中途はんぱな切れはしの数という意味であろう。

八はいうまでもなく、左と右とに両分するさまを表した指事文字である。八 *pat ということばは、別 *biat → biɛt と同系であるし、また半（1/2に分ける）や班（分ける）などの字で書かれる *pan という語に対しては、ちょうど「対転」の関係（同じ所で発音される語尾が交替すること）にある。語幹が同じ形であって、ただ語尾が -t ↔ -n と入れ代わったにすぎない。古代人は8という数を、二分するに最も適した

⑫ 六
⑬ 七
⑭ 切
⑮ 八
⑯ 分
⑰ 九
⑱ 十

数としてとらえていたことは、ほとんど疑う余地がない。なお分という字は「八印＋刀」から成り、刀で二つに切り分けることを示すが、これも八と縁の近いことばである。

九という字は、手のひじをひどく曲げた姿を描いた象形文字である。九 *kiog → kiou → kiəu という語形は、腐朽の朽（くちて曲がる）—旧（舊）—久（背の曲がった老人）などと同系であって、古人が考えたように「九は数の究まるところ」という解説があたっていると思われる。後漢の『白虎通義』には「九とは究なり」とある。深く屈曲した穴を究といい、シリの穴を尻（カウ→コウ）といい、狭く曲がった鼻の穴を「鼻＋音符九」の字で書いて同じくキュウと発音する。研究の究とは、曲折をへて奥深く穴の中まで入って行くという動詞である。してみると九もまた、一二三……と数えて深く進入した終局の所に位置する数という意味であろう。

十、甲骨文字で10を縦線一本を用いて「｜」印で示したのは、すこぶる興味深い。のち十と書くのは、「｜」線の中央をふくらませて修飾を加えたにすぎない。このことは、第一に古人が10を新しい一単位（ひとまとまり）と考えたこと、第二には、古人が算木（サンギ）を用いて計算した場合に、一二三などは横の算木で示し、10の単位は縦の算木で示したことを暗示する。後世の算木では、32を‖＝のように表示するが、その母胎はすでに殷代にも存在したのではあるまいか。

十干と十二支

漢代の人は、甲乙丙丁……を「十干（ジッカン）」といい、子丑寅卯……を「十二支」と名づけた。たとえば後漢の『白虎通』という書物には、「甲乙は幹（カン）なり。子丑は枝（シ）なり」とある。幹―枝を省略して、干―支と書いたのである。人体でいうならば、肝は人体の中心をなす幹であり、肢（シ）（手や足）は人体末端の枝である。幹―枝、肝―肢、干―支は字体こそ違うけれども、すべて、あい補って有機的に働く「ミキ」と「エダ」のことである。

殷代の人びとは、干と支とを組み合わせて日時を記すのに用いた。殷代の卜辞は、ほとんどすべて「甲子に卜す」のように、まず最初に占いをした日付を明示する。また殷代の王は、祖甲・帝乙のように、それぞれ生まれた日の甲乙丙……を取って称号としていた。十干は全部で一〇あり、十二支は一二ある。その序列は次のとおりである。

（十干）　甲　乙　丙　丁　戊（ボ）　己（キ）　庚（コウ）　辛（シン）　壬（ジン）　癸（キ）

（十二支）子　丑（チュウ）　寅（イン）　卯（ボウ）　辰（シン）　巳（シ）　午　未　申（シン）　酉（ユウ）　戌（ジュツ）　亥（ガイ）

これを上から順次かみあわせると、甲子―乙丑―丙寅のように組み合わさり、六一回目に甲子に戻る。つまり合計六〇の組み合わせが生じるわけである。そこで干支を用いて日時を記すと、正月一日甲子から始まり、六〇日で一巡してまた甲子に戻る（もし年次をかぞえるとすると、六〇歳めに元に戻るので、それを「還暦」という）。おそらく太古の史官は、このような一覧表を手もとにおいて、日記をつけ、年中行事を按（あん）配（ばい）して予定表を作っていたものであろう。

甲乙丙丁ということば

後述する十二支と同様に、十干ももとは素朴な農暦の知恵の反映である。十進法は手の指一〇本を数える点から生じたものだが、さてその一〇の序列に名をつける――という段となれば、おのずと植物の生長の序列が頭に浮かぶだろう。芽を出し根を張り、茎が固く太って実り、刈り取って収穫が終る、という手順をくり返して、年月が流れて行くのである。この観点から見なおすと、十干の名に次のような解釈がつけら

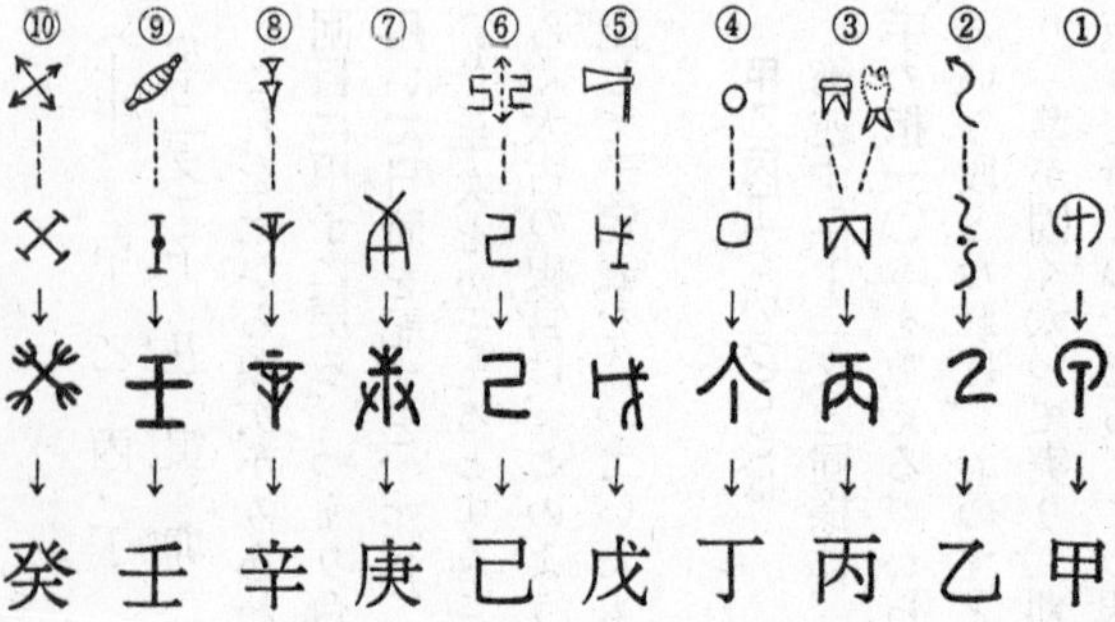

① → → 甲

② → → 乙

③ → → 丙

④ → → 丁

⑤ → → 戊

⑥ → → 己

⑦ → → 庚

⑧ → → 辛

⑨ → → 壬

⑩ → → 癸

れる。

甲 *kĕp → kăp 合や盒と同系で、かぶせる意を含む。原字は魚のウロコの一こまかもしれぬが、ウロコも身体にかぶっておおうものであり、甲冑の甲（かぶと）も身体をおおうものである。植物動物が固いカラにおおわれている状態を広く甲という。

乙 *ıet → ıĕt 軋（おさえる）と近く、上から下へおさえる意を含む。抑（のち誤ってヨクと発音する）とまったく同系の語。また印 *ıen（おさえる）の対転にあたる。抑の字の右側は、この印の字の変形したものである。植物がなお抑圧されて伸び出せず、地下で屈曲している時である。

丙 *pıăng → pıăng 原字は左右に張った魚の尾であろう。しかしこの語は方（両方に張り出る）―房（左右に張り出たわき屋）―妨（両手を左右に張り出して、通せんぼする）―柄（ピンと張ったエ）などと同系で、ピンと左右に張り出す意を含む。丙とは植物の根がいよいよ左右に張り出る時期を表す。

丁　*teng→teng　原字は釘の頭、もしくは当て木の象形であろう。打（直角にあてる）―釘（直角に打ちこむクギ）―町（T型に行きあたるあぜ道）―停（T型にあたって止まる）などと同系である。丁とは、植物の芽が伸びようとして、地表にT型にあたり、なお表面に出きれない時期である。

戊　*mog→mou→meu　矛（ボウ・モウ）と同じくホコの象形である。しかしこのことばは、卯（ボウ・モウ）（むりに押しあける）―貿（むりに求める）―冒（むりに犯す）などと同系で、障害をおかして、むりやりに進む意を含んでいる。ホコもまた、敵の防ぎをおかして、むりに突進するための武器であるから（ボウ・モウ）という。戊とは、植物の芽が、固い地表をおかして、むりに地上に顔を出す時期である。

己　*kıəg→kıəi→kıei　曲がりつつ起き立つさまを示し、後世の起の原字である。植物の若芽がむっくと起き立つ時期である。

庚　*kăng→kʌng　この文字の大切な点は、中央に強い「|」線の通っていることで、何かの心棒を示す。庚は更（固いシンを通す）と同系で、梗（シン棒）―硬（かたいシン）―骾（シンの骨）―康（固く強い）―糠（固いすじの通ったモミ）などと同系である。植物の茎が固く成長し、また糠（モミ）の固く実る時期でもある。

健康の康（固く強い体）とも同系である。

辛 *sien → siĕn 小刀を示す象形文字で、刀で切りとることを示す。亲（木を切る）―新（植物を切りとる。右側に斤(おの)をそえて、切る意味を明示した。刈り立ての木、なまなましい）―薪（切りとった植物、草かんむりをそえて、植物を明示した）と同系のことばである。辛とは成育した植物を切りとる時期である。いわば薪(シン)の原字だと考えてよい。

壬 *niem → niem → rem 原字は糸を巻きとる糸まきの象形である。紝（糸巻き。糸を巻きとって腹がふくれる）―妊（子どもをはらんで腹がふくれる）―任（仕事をかかえこむ）などと同系で、中に仕込んで太くふくれる意味を含む。壬とは、植物を取りこんで、収穫物で家も蔵もふくれる時期である。

癸 kiuer → kiuei → kiui 原字は三鋒というよりむしろ四鋒のホコの象形である。そのホコを回転させて敵中におどりこむ。揆(キ)（ふりまわす）―闋(キ)（ひとめぐり、楽章のひとめぐり）と同系で、ひと巡りする意を含む。癸とは、ここで数の序列のひとめぐりし終った所、つまり一旬（一巡）の終りである。

土圭（トケイ）

古都洛陽の南に、洛水と伊水という二つの川が流れている。この川をわたり、なだらかな丘陵の起伏する平原の中に車を走らせて東南へ約百キロ、登封(トウホウ)県という古い町に着く。その北には華中の名山といわれる嵩山(スウ)（少林寺拳法の起こった地）があり、南には太古に禹(ウ)が住んだことがあると伝えられる箕山(キ)がある。洛陽―登封のあたりは、昔から天下の中央（地中という）だと思われていた。ここに土を三角形につみあげ（圭(ケイ)という）そのシンに心棒をたてて太陽の影を測ると、「日時計」ができあがる。トケイとは土圭(トケイ)を音読みして日本語に取入れたことばである。登封県には、いま元朝のクビライ帝のころ（一二七六年）に造られた「観星台」が残っている。九メートル余の正方形台座の上に、さらに小室を建てて横棒をわたし、台座の下には正南―正北に走る長い線を石で築きあげて、日の影を測定できるように仕上げてある。元代の天文家郭(カク)守敬の改良した「土圭」である。

十二進法

日時計を使うと、夏至と冬至とを正確に定めることができる。夏至―冬至の中間をとれば、秋分と春分もはっきりわかる。そこで「冬至→次の冬至」までの日数を三六五日と定めることも可能となった。ところでこの一年の間に、月はほぼ十二回、満ち欠けをくり返す。そこで12という数が登場した。つまり一年≒十二か月となったのである。しかし月はじつは二九日余の周期で満ち欠けするから、一年を十二か月ときめても、一七日余りの端数が生じ、二、三年に一度だけ、一年のうちに一三回も月が満ち欠けすることが起こってくる。そこで殷の人たちは、「一三月」というのを置いて調整した。

12という数は、太陽と月との運行のかね合いから生じた暦法上の知恵である。殷代から周代へと、生産の中心が農業に求められるように進むにつれて、春耕の時、播種（はしゅ）の時、収穫の時などを、春作についても秋作についても、広く人びとに知らせねばならない。12という数が農暦と深い縁で結ばれていることは、この点からも明白となるであろう。子丑寅卯……などを、十二進法の数詞にあてたのは、これまた作物の生長のぐあいを念頭においたものと考えねばならない。

子丑寅……ということば

子丑寅……を用いて一日の時間を表すようになったのはたぶん漢代のことで、それが日本にも影響して、「子（ね）の刻」だの「丑（うし）の刻」だのというようになった。後漢の許慎の『説文』では、子＝一月、丑＝二月のように、十二月の名に子丑寅……を割りあてているが、これものちに起こった習慣らしい。前述したように、殷人は子丑寅と甲乙丙とを組み合わせて日次を記したのであり、月の序列は一月（正月）—二月—三月のように、一二三によって表すのが常例であった。

	⑪	⑫	⑬	⑭	⑮	⑯	⑰	⑱	⑲	⑳	㉑	㉒
	子	丑	寅	卯	辰	巳	午	未	申	酉	戌	亥
漢書律歷志	孳萌	紐芽	引達	冒茆	振羨	巳盛	咢布	昧愛	申堅	留熟	畢入	該閡

十二支の概略の意味については、すでに漢代の学者が、きわめて常識的な解釈を示している。次に子丑寅……の古い字体を示し、漢代の解説を手がかりにして解説してみよう。

子　頭髪がどんどんふえて伸びるさまを示す象形文字。『説文』が滋（ジ）（ふえる）意と解き、『漢書律暦志』が「孳萌」（ふえて芽生える）と解したように、子—滋—孳は同系のことばである。植物がこれから子をふやし生長しようとするタネの状態を示す。

丑　手がひどく曲がった姿を示す象形文字で、肘（チュウ）（曲がる腕）と同系。『漢書律暦志』に「紐芽（曲がる腕や、芽が曲がりつつ伸びるのを待つさま）」と解したのが正しい。植物が地下においてなお屈曲して伸びかねている時期を示す。

寅　まっすぐに伸びた矢の形を示す。引や伸と同系の語。『漢書律暦志』に「引達」と解するのが正しい。のち体を伸ばして緊張する意から、「つつしむ」との意味を派生した。植物がすくすくと伸び始める段階を示す。

卯　両側に押しあけたさまを表す。閉じたものや障害を押しのける意を含み、貿（障害をおかして利を求める）—冒（おかす）などと同系の語。『説文』に冒と解し、『漢書律暦志』に「冒茆」（おかし伸び出る）と解するのが正しい。また茂（モ・ボウ）（枝葉が上からかぶさる）—冒（上からかぶさる。帽子（ボウシ）の帽も同系）と考えることもできる。その場合は、植物の若葉が茂って、上からかぶさるさまを呈する時期と考えてもよい。

辰　貝の肉（いわゆるカイの足）がペラペラと動くさまを示す象形文字。弾性があって振（震）れる意を含む。『説文』は「震（ふるえて動く）」と解し、『漢書律暦志』は「振羨（シンセン・シンエン）（動いて伸びる）」と解釈している。植物が若芽をなびかせて動き、盛んに生長する段階である。

巳　甲骨文字は子どもの象形。後世の巳（シ）の字は胎児の象形で、包（子宮で胎児をつつんださま）の字の内部と同じ。子房の中の種子のこと。植物が種子をはらみ始める段階。

午　杵（きね）の原字で、上下させてモチをつきならす棒の象形。御の字に午を含むのは、固い穀物をつきならすように、きつい馬をならして柔順に制御する意を表したものである。ゴ*ngag→nga→ngo ということばは、五や互と同系で、交叉する意を含む。十二進法の前半と後半とが交叉するポストを示す。後世の時間でいえば、午前と午後の交叉点が正午にあたる。十進法の五（ゴ）と同じ着眼から出た数詞である。

未　木のこずえの未熟な枝を示す象形文字。『漢書律暦志』に「昧愛（マイアイ）」と解するのは、今日いうアイマイな状態のことで、植物のなお成熟しきらぬ未熟な段階。

申　電光（いなずま）を表す象形文字で、後世の電の字の原字である。まっすぐに伸びきる意を含む。『漢書律暦志』に「申堅（のびきって堅い）」と解説したのは正しい。日本では電光は「イナ光り」「イナずま」と呼ばれ、稲の成熟をもたらすと考えられたが、それと同様の意識が中国にもあったと解してもよかろう。いま前説に従い、作物の伸びきった時期と考えておく。

酉　酒をしぼるツボの象形。酋（しぼり酒）―酒（シュ・シュウ）―揂（引きしぼる）―揪（引きしぼる）は、秋（引きしめる→収穫する）と同系である。酉とは、収穫した穀物で新酒を作る時と考えてもよいし、広く「引きしめてひと所に収穫する」意と解してもよい。『説文』は「就（ひと所に引きしめまとめる）」と考え、『漢書律暦志』は「留熟（新酒を熟させる）」と考えている。

戌　ホコの象形。武器で守ること。西方北方の遊牧民族は、毎年収穫期をねらって黄河デルタに侵入し、農業民の収穫した物を略奪するのが、数千年にわたるこの地の習わしであった。武器で収穫物を守る時期を戌という。

亥　ブタの全身に行き渡った骨組みを表す象形文字。亥は核―骸（骨組み）の原字で、亟（全身に行き渡る）―極（上から下まで張った大黒柱）―革（全身を拡げ伸ばしてかわかした皮革）などと同系で、全部に行き渡る意を含む。『漢書律暦志』に「該閡（全部に行き渡って備わる）」と解したのが正しい。この位置で十二進法が全部終結するとの意を表す。

以上で、十二進法の数詞が、作物の生育の過程をとらえて名づけたものであることが明白となった。ただ中央の午と最後の亥とだけが、序列の中の位置に着眼した名称である。

二　農耕の歩み

何で耕したか

甲骨文字の衆という字は、太陽のもとで三人（たくさんの人）が共同作業をしているようすを表している。殷代の農業は、おもに貝殻と棒とを工具として行なわれたので、多くの奴隷を酷使しなければ、土地は耕作できなかった。農・耨などの字に含まれている辰（蜃、大きな二枚貝）とは、二枚貝が貝殻を開いて、その間から肉がのぞいている姿を表している。また農という字の上部は、頭を両手でしぼって、ねばねばした脳みそ、または「うみ」を押し出している姿であって、「ねっとりして柔らかい」ことを表している。それは濃（ねっとり）のもとになる字である。

華北の黄土は乾いて固く（墐という）、そのままでは作物が育ちにくい。それを大きな貝殻で耕して、ねばりをもたせる動作を農といった。

さて、乾いて固い土を柔らかくする最上の方法は、土の中に堆肥を入れこむことである。衣という字を上下に分けて、間に糸くずを入れこんだのが褱という字である。

謙譲の譲　AとBの間をあけて、Cを中に入り込ませること→ゆずる。

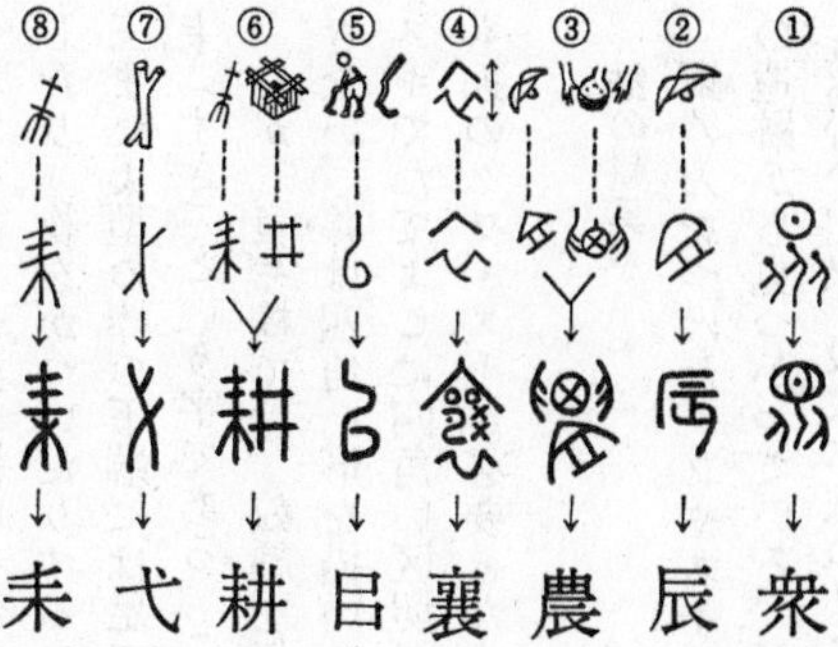

① …→衆
② …→辰
③ …→農
④ …→襄
⑤ …→㠯
⑥ …→耕
⑦ …→弋
⑧ …→耒

醸造の醸　ふかした米の間に糀(こうじ)を割りこませると、発酵して柔らかくふやける。

土壌の壌　土の間に堆肥を割りこませると、土がふやけて柔らかくなる。こうして固い原野に、柔らかくふやけた土壌ができて、作物が実るようになる。

初期の耕作には、貝殻のほか、また曲がった棒を用いた。『周易、繋辞伝下』に、

神農氏の作(おこ)るや、木を斲(たた)きりて耜(シ)となし、木を揉(たわ)めて耒(ライ)となす。耒耨の利もって天下に教う

とあるのは、そのことをものがたっている。乚型に曲がった棒を地にさしこんで、テコにして土を起こす。その先端に、石片や骨の刃(は)をそえると、土を起こすはたらきが増す。それを描いたのが乚という甲骨文字で、その曲線が誇張されて㠯となる。これが耜(シ)(くわ)の右がわである。また、以(道具でもって仕事する)という字は、この曲がった棒を、手で持つようすを表している。またY型の棒を用いることがあるが、これは

弋(ヨク)—杙(ヨク)（くい）の原字である。式という字は弋(ヨク)に工作の工をそえたものである。その棒を手にして寸法を計ったり、方形をえがいたりするので、形式・方式などの意味を生じてくる。丫型の棒は、畑土にさしこんだり、物をひっ掛けたり、目印や物さしにしたり、物をかついだりするのに用いた万能の道具である。またふたまた、もしくは三また人型の棒の下端には足でふむための横木をゆわえつけ、上端に柄をつけたのが耒(ライ)（すき）という字である。これは文字どおり土を鋤(す)きおこすのに使うことができる。

しかし貝や棒では、奴隷を集団で働かせても、能率があがらず、まともな耕作はできない。井は四角い形を描いたもので、形・型などの幵はその変形したものである。スキでたてよこに四角い区切りをつけることを耕というが、本式の耕作にはどうしても鉄のクワ・スキが必要となる。

鉄の耕具

銅の刃をつけたクワやスキは、殷(イン)中ごろの盤竜城（湖北）あと、湖北や江蘇の西周の遺跡から見つかっている。しかし鉄の刃をつけた農具はどうであろうか。河北省の蒿城(コウジョウ)県から、殷代に鉄のクワを鋳たと思われる凸型の鋳型（笵(ハン)という）が発見された。中国の鉄器は、青銅器に比べて、ずっと発達が遅れた——と思われていたが、じつはそうではない。しかし、中国の鉄は、おもに銑鉄(センテツ)に軟化処理を加えて、（武器で

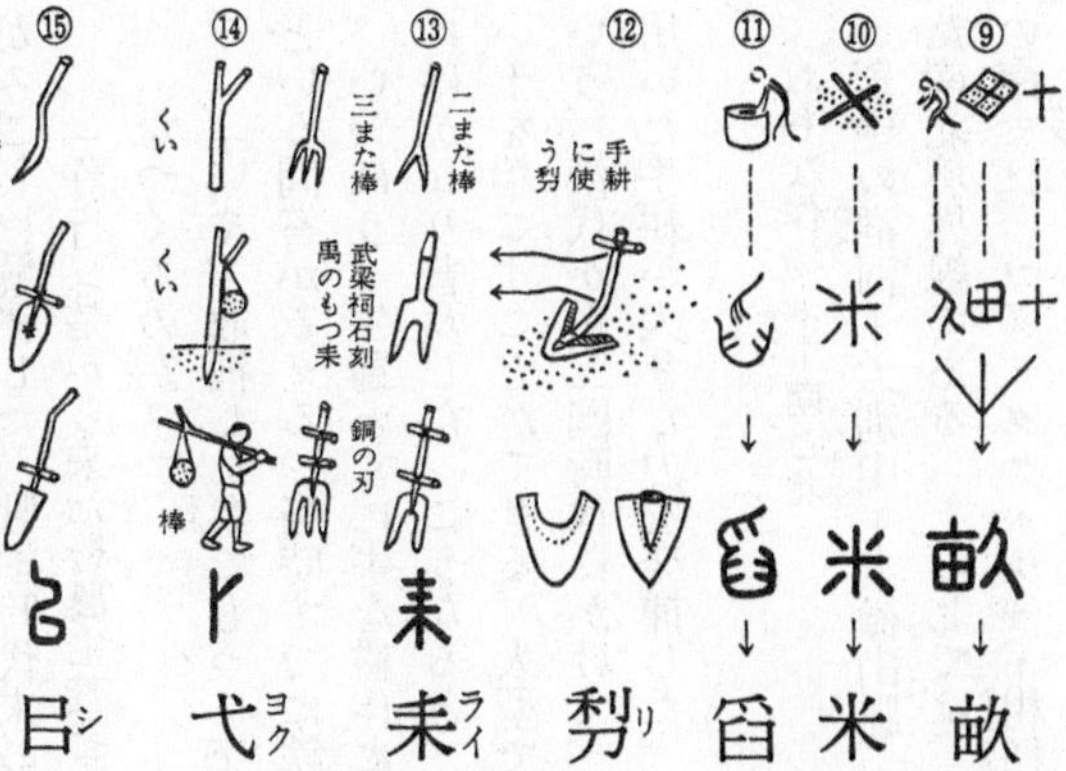

⑨ 十 十 → 畝 → 畝

⑩ 米 → 米 → 米

⑪ 舀 → 舀

⑫ 手耕に使う犁 犁（リ）

⑬ 二また棒　三また棒　武梁祠石刻 禹のもつ耒　銅の刃　耒（ライ）

⑭ くい　くい　棒　弋（ヨク）

⑮ 曲棒　貝の刃　銅の刃　㠯（シ）

はなくて）農具や鍋釜に使われたらしい。

春秋時代の末、紀元前五九四年に、「初めて畝に税す」（『春秋左氏伝、宣公十五年』）という記事がみえる。畝という字は「十＋田＋久（人が背をまげて歩測するさま）」から成り、たてよこ十歩（十三・五メートル）の田畑を表すから、今日の約一・八アールの耕作地を意味している。これが当時の耕地単位であった。それは、集団労働ではなくて小人数の耕作に適した面積である。しかも『論語』には「長沮・桀溺　偶して耕す」（微子篇）とあって、二人で助け合いながら耕す（耦という）のが当時の習慣であったことがわかる。今日でも、ヒマラヤ北側のチベット族の間では、「耦耕」がどこでも見られるのである。奴隷をむやみにこき使う上古のやり方より、農戸（「五口の家」という）に開墾と耕作をまかせ、その収穫の上前をはねたほうが能率がよい。辰や棒を使った上古には不可能であったことを、鉄のクワを使う耦耕方式がみごとに解決した。戦国時代末の『孟子』には、

「許行（楚から来た皆農主義者）は、釜甑で炊ぎ、鉄で耕すのか？ 自分でそれをつくるのか？」

「いや、収穫した粟でもって交易して手に入れます」（滕文公上篇）

という問答がみえる。当時すでに鉄の耕作具が普及していたことが明らかであろう。

いっぽう、牛馬とくに牛を耕作に使うことは、遠く東周のころに起こり、戦国時代にはかなり普及した。こうなると、刃の大きいスキを牛に引かせて、いっきに幅の広い土を起こすことができる。大型で刃の鋭利なスキを犁といい、それを引く牛を犂という。漢代から三国時代にかけて、河西回廊のオアシスを開拓するにあたって、犁を用いた牛耕が大きな力を発揮した。

おもな作物――南と北

華中の淮河―大別山―秦嶺山脈（陝西省南境）の南側を結ぶ線が、自然条件からみた南北境界線である。その北では、ムギと雑穀、ナシ、クリ、ナツメなどが育ち、その南では、コメ・タケ・チャ・柑橘類がよくできる。とくに長江の南、銭塘江（むかしは浙江といった）以南は、コメの二期作が可能である。今日では、寒さに強いコメ

の種を植えるから、華北や東北の南部でもコメ作を行なう土地があるが、むかしのコメ作は華南に限られたものである。そのコメを北方に送るため、のちに大運河が造られた。

米という字は、十じるしの四方に粒つぶが散ったさまを描いた字である。米とはもとは小さい穀粒のことであった。近ごろ浙江省余姚県の河姆渡から、約六千年前のコメの種が発掘された。ここは春秋時代の越族の根拠地、紹興からわずか八〇キロほど東にある。華南の越の地は、太古からすでにコメ作の本場であったといってよい。コメには杭（＝粳、ウルチ）と糯（モチゴメ）の二種がある。前者はおもに粥（かゆ）に煮たてて食べ、後者は葉で包んで煮たりふかしたりする。つまり粽（ちまき）にして食べるのである。また、うすでついてねばりを出しつつこねるのを稲（右がわはうすでこねるさま）という。五月の節句に、屈原をとむらうために庶民が粽を作って江中に投じたという伝承があるのは、華中の荊蛮、すなわち春秋戦国時代の楚の人たちとモチゴメの古い結びつきを表している。

秈↓粳と糯

粳はねばらないが、糯はねばりがつよい。ただし広東省・雲南省・海南島などの少数民族の間では、両者がはっきり分かれていない「粳糯」を、回巡休耕という古い方式で栽培しているそうである。なお、おなじくウルチの仲間でも、ふつうの粳はややまるくふくらんでいるのに対して、やや細長いやせ型の早熟種で秈と呼ぶ品種があり、これが野生イネ（広東省北部にある）に最も近いという。六千年前の余姚県河姆渡のイネや、四千五百年前といわれる広東省北部曲江県（新石器時代）から出たイネの粒は、なお野生に近い秈の仲間である。今日のような粳と糯が別品種としてはっきり確立するまでには、長い時間が流れている。華南の地はまたヤマイモ（山薬という）とサトイモ（芋という）の産地でもある。これら広葉樹林の地の食物は、そのまま風土の似た倭国に伝わった。越からコメが日本に伝わったのは縄文晩期のことだが、漢が越人（東越人）を原住地から追放して、「江淮の低湿の地」に移住させたころから普及したのではあるまいか。郷土を追われた越人の一部が、九州にコメ耕作の技術をもたらして「豊葦原瑞穂の国」を現出することになったとすると、歴史は時に思わぬ将来を開くものである。

北中国のおもな穀物は粟（アワ）であり、なかでも秫（モチアワ）は、粥にするとおいしく食べられる。それを補うのは稗（ヒエ）と黍（キビ）であった。おもに家畜の飼料（人間も食べる）としたのは稷（コウリャン＝高粱）である。稷はもとは、畑仕事のこと、稼穡の艱難（農耕のつらさ）という成語として用いられるから、古代の畑作物の重要なひとつであった。ところが周の時代の初期に、麦（ムギ）が西方からもたらされたと伝えられる。それがしだいに華北華中の乾燥地帯に分布し、北方の食生活に大きな変革を生み出すこととなった。なお、トウモロコシとサツマイモは、近世になってから海外から移って来たもので、むかしの中国人には縁がなかった。

ムギはどこから来たか

タルホコムギの原産地は中央アジアである。ムギはその一粒一粒の大きいこと、味のうまいこと、収穫量の多いことなど、コメ以外の畑作物に比べるとずっとすぐれた作物である。したがってまずムギの栽培を始めた部族は、生産の力を飛躍的に増加させて、他の部族に対して優位に立つことができた。この恵まれた運命を射当てたのは、かの周の人たちであったらしい。

⑯ [古字]→[古字]→[古字]→来

⑰ [古字]→[古字]→麦

⑱ [古字]→[古字]→[古字]→夊

ムギを表す原字は、今日の来（旧字体は來）という字であり、逆に「くる」という意味を表したのは、今日の麦（旧字体は麥）という字であった。麦という字は、たしかに夊印（あしの形）を含んでおり、足で歩いて先方からこちらへ来ることを示している。それに反して、来という字はまさしく穂の出たムギの象形文字である。麦はmək、来はləg→laiという発音で、いちじるしく異なるようであるが、太古には麦mlək、来mləgといった語形で、ともにmlを語頭子音としていたらしい。のち、麦においてはlが落ち、来においてはmが消え去ったのである。許慎の『説文』に、「来とは、周の受けしところの瑞麦（ズイバク）にして、一来に二夆（ふたつの穂）あり。象形」と解しているのは正しい。二つの穂とは、収穫量の多いことを示したものであろう。

さて、なぜムギを「来た」ものと称したのであろうか。来（ライ）とは、賚賜（ライシ）の賚と同系のことばで、どこかから、誰かからいただいた到来ものである。周人はこのありがたいムギは神さまからいただいたものだと考えた。そこで『詩経、思文』の詩には、

我に来牟（ライボウ）（＝麰）を詒（おく）る

と歌われている。麰ボウmog→mouは麦məkと同系でこれもムギのことであるが、それをとくに「来ボウ」と呼んだのは、神さまから贈られた到来ものだからである。もちろん、事実は太古の移住者または遊牧民によって、ある機会にムギの種が中央アジアから到来したのである。しかしそれを神の恩恵と考えたところに、周人のムギに

対する並々ならぬ尊重の心が含まれている。ちなみに、日本語のムギは、漢語の麦muək または麰 mog を音訳したものらしい。周人は歴代、羌(キョウ)人の血を受けているから、周代のムギに関する伝説と似たものが今日のチベット族（羌族の末流）の民話にも存在している。チベット民話「ムギはどこから来たか」においては、勇敢な王子が千山万河を越えて竜王と戦い、しまいには術にかかって犬の姿に変えられながらも、よく苦難にたえてムギの種を東にもたらしたことをのべている。ムギはヒマラヤに近い山中の竜王の洞穴にあったこととなっている。

およそ歴史をひもとけば、高地に発展した部族はしばしば低地へと進出する。ましてこの場合、黄河は陝西より一路東に向かい、その流れ行く先に古代文明の花開く殷人の本拠があった。西北高原に雄厚な底力を養った周人は、やがて東進の野望を起こすのが当然であったであろう。

三　牧畜の起こり

家畜とともに

三世紀に倭国をおとずれた魏（都は洛陽）の使者は、「その地（倭国）には、牛・馬・虎・豹・羊・鵲（カササギ）なし」（『三国志、魏志倭人伝』）とのべている。そのころは羊が倭国にいなかったのであろう。馬と牛がまったくいなかったとは思えないが、「ウマ」という日本語は、漢語の mǎ をまねた外来語らしいから、まともな体軀のウマは倭国にいなかったかもしれない。華北では到る所で牛馬を役畜に使っており、一歩外へ出れば牛馬に出くわすのであったが、その常識からみれば、たしかに「倭国に牛馬なし」と思われたであろう。

これに対して、中国では、上古からウシ・ウマ・ヒツジを飼っていた。家畜を牲口というが、それは生口（奴隷）と同じように、餌を食べる代わりに、人のために働く雇い奴なのである。

羊・牛・馬・豕などは、それぞれその動物の姿を描いた象形文字である。いずれも動物の最も特色あるエスプリをみごとにとらえた字形で、古代人の鋭い感覚をよく示している。

①……→→羊

②……→→牛

③……→→馬

④……→→豕

さて、ウシやウマを飼いならしたと伝えられるのは、殷の先祖の一人王亥（オウガイ）という人である。

「殷（イン）の王子王亥（ガイ）は、有易（ユウエキ）の国の河伯に託して牛を僕（＝服）す。有易、王亥を殺してその牛を取る」（『山海（せんがい）経』にみえる）

「殷人は帛（きぬ）と牢（ロウ）（牛小屋）を立（はじ）め、牛馬を服して民の利をなし、天下これに化す」（『管子、軽重戊篇』）

「牛馬を服する」とは、服従・服役の意味で、手なずけて飼いならしたことを意味する。王亥は殷の伝説的な祖先のひとりで、湯王よりはるか前の人である。それは三千五百年以上も前のことであった。

さらにさかのぼって、河南省・山東省の「竜山文化」の遺跡から、ブタ（豕）・山羊・牛・馬などの骨がかなり大量に発掘された。まれには鶏の骨もまじっている。四千五百年前にも、すでにそうとう数の家畜が飼われていたことがわかる。その状況は日本列島とはっきり違っている。それは中国中心部をとりまく北方と西方とに、古くから馬や羊を放牧する人たちがおり、その風習が中原地区に影響を及ぼしたからであろう。思うに家畜はいわば「腐らない貯蔵食」であり、いつでも必要なだけ調達すればよい。食生活の進歩には、欠くことのできないものであった。

牛馬と並んで、いなそれ以上に羊は重要な家畜であった。今日でも中央アジアから東アジアの高原で遊牧を営む人びとはヒツジを放牧している。羊肉は日本人の好みに合わぬようだが、北方中国ではうまい肉として珍重される。ジンギスカン鍋はその典型的なものであろう。ただし食べすぎて痒（＝癢、かゆい、羊と同系語）とならないように気をつける。ヒツジの乳を飲み、羊皮をつけて寒さを防ぐ。羊毛を刈って毛織物や毛糸の敷物を作る。衣食両面において、ヒツジは欠かせない有用な家畜である。

古代の山西省には羌と呼ばれる種族が住んでいた。羌の字は「人＋音符羊」から成る。周人の祖先は、代々姜姓の女性を嫁にもらっているが、その姜とは「女＋音符羊」から成る。羊は上古にgiang（→yiang）という発音であったから、キョウという音を表す音符に用いられてもふしぎではない。羌と姜とは、まったく同系のことばで、人種名としては羊の下に人印をそえ、姓の名としては女印をそえたのみで、どちらも羊（ヒツジ）その物と密接な関係のある呼び名である。『説文』に「羌とは、西戎の羊を牧する人なり」と説いているのは、正解である。

(1) 周の祖先の一人、古公亶父（いわゆる太王）が、姜女（いわゆる太姜）と結婚したことは、次の詩にみえる。

古公亶父　　古公亶父
来朝走馬　　来朝、馬を走らせ
率西水滸　　西水の滸に率いて
至于岐下　　岐（山）の下に至り
爰及姜女　　ここに姜の女と
聿来胥宇　　ここに来たりともに宇す。（『詩経、緜』）

(2) 周の始祖である后稷もまた、姜姓の女性の生んだ子であった。

赫赫姜嫄　　赫赫たる姜嫄

生此后稷　この后稷を生む。（『詩経、生民』）

してみると、周の王室と姜姓の一族とは、太古以来の姻戚の関係にある。文王の妃も太姜といい、武王の妃は成姜と呼ばれた。周自身は姫姓を名のるのであるが、姫姓―姜姓は、部族どうしの「対婚」の縁で結ばれたすこぶる由緒の古い友好部族であった。

羊と羌族

思うに羌人（姜姓部族）とは、ヒツジをトーテムとした部族にちがいない。殷墟から出土する卜辞によると、今日の山西省には、馬方・犬方・虎侯など、動物の名をつけた多くの部族が住んでいたらしい。いずれもその動物をトーテムとしたものであろう。そのうち羌人はヒツジと格別に縁の深い遊牧部族であった。ヒッジを飼い、彼らの生活全体がその恩恵を蒙るが故に、ヒツジをトーテムとするのであるが、祭礼のさいにはヒツジを犠牲として神前に供え、ヒツジのもつさまざまの精力の余徳に与ろうとする。それ故に祥（めでたい）という字は「示（祭坛）＋羊」から成っている。クマを畏敬するアイヌ族が、祭礼のときにはクマを殺して、クマの強い力の余徳に与ろうとするのと同様である。だからヒツジトーテム族が、その敬愛するヒツジを殺して祭礼を行なうのは、一見矛盾しているようで矛盾ではない。吉祥の祥とは、たぶん聖なるヒツジ祭りによって獲得される恩恵という意味であったにちがいない。美・善（＝饍、おいしい、よい）・義（けじめ正しい）などの字に羊をふくむことも、羌族伝来の意識が影を印したためであろう。

⑤ → → 羌

⑥ → → 氐

⑦ → → 夷

羌人は宿敵殷を壊滅させるに一役を買ったものの、強い遊牧人は戦争には役立っても、しょせんは農耕人の仲間入りをすることはむずかしい。前記のように、周人が洛陽に都を構え、中原文化の担い手となってのち、羌人はしだいに中原の漢人から疎外せられた。その一部は「陸渾（リクコン）の戎（ジュウ）」と呼ばれて、春秋時代に山西に興った晋（シン）国の軍団編成にさいしては、有力な兵員供給の源となったが、しかしその大部分は、かつて殷の富を掠奪（りゃくだつ）しようと窺（うかが）ったのと同様に、こんどは周都洛陽をおびやかすようになった。アジアの遊牧民と農耕文明人との間に、数千年にわたってくり返された闘争の宿命が、ここにきざしている。かくて羌人と周との古いえにしは、しだいにその影を薄くし、かえって周の敵として史上に登場するようになった。

「周の宣王の三十三年、千畝に戦う。王師、羌氏の戎（戎とは強い軍隊）に敗績す」（『国語、周語上』）とあるのはその一例である。千畝は今日の山西省介休の付近、周都洛陽の約一〇〇キロ北にあたる。

羌族は「戦死をもって吉利となし、病にて終るを不祥となす」（『後漢書、西羌伝』）といわれたように、野戦に強い勇敢な人びとであった。周人が柔和な文化人と化するにつれて、羌族はしだいに中原の文明人から疎外せられ、かつての同盟者に弓を引き、周の旧都をしばしば侵略する外敵となってきた。このような例は、のちの中国史上にたびたびくり返される宿命である。かくて陝西省にあったかつての周の根拠地は、今や羌族の脅威にさらされるようになった。「北には義渠の戎、洛川には大茘の戎、渭水の南には驪戎あり」（『後漢書、西羌伝』）と記されているのは、まさしく周の末期の状況であった。

チベット人の源流

今日のチベット系の諸族は、この羌族の末流である。彼らがいかにして中国の山西・陝西の旧居を捨てて西へ西へと移って行ったかを、簡単に説明しておこう。

羌と氐　西戎のうち最も有力なのは氐と羌であって、しばしば並称せられる。羌は⑤に示すように「羊＋人、音符羊」から成る字で、ヒツジを飼う人種を示している。氐はおそらく積み重ねた土の下に一印を書いて、堆積の低い部分を示した指事的な文字であろう、氐―低（ひくい）―底（ひくいそこ）が同系であることは言うまでもない。氐とは、中原の漢人に比較して背の低い、チベット系の遊牧人をさしたことばであろう。

さて、前七七一年、周の幽王が西戎・犬戎に攻め殺されて、秦の襄公の援助のおかげで、ようやく周の平王が都を再建する。秦は陝西で農牧を営んだ人びとで、かつての周人の歩いた発展の道を、もう一度くり返していた。周が陝西の旧根拠地を捨てて、東の洛陽に移ったあと、西戎に対抗して西北を治めたのは、この秦人であった。

秦の荘公は、周の宣王の命を受けて西戎を討ち、平王の時代、前七五三年には、秦の文公が西戎を岐山（もとの周人の根拠地）で大いに破った。その後、秦は西北の統領として事実上陝西省を支配し、やがて隴西・北地・上郡の三郡治を置くようになる。ことに秦の厲公と献公のときには、羌族に対して強い圧力を加え、ついに羌族はさらに西方、河西の地に退かざるをえない状勢となった。

秦の厲公のとき、無弋（羌語で奴隷のこと）爰歴という者が逃亡して、黄河の最上流が大きく屈曲した地区、河湟の地（今の青海省）に逃れ、ここで鼻切りの刑を受けた女性と結婚した。その子孫がしだいに増加したが、彼らは祖先の女性をまねて、女はヴェールで顔を隠す習俗を生じたという。のちさらに秦の献公の圧迫を受け、爰歴の子孫は一族をひきいて、はるかに西方へと移住し、黄河上流区に残った羌族とも交通が絶えてしまった（『後漢書』西羌伝』）。この西羌が今日のチベット族の祖先となったのである。

彼らは、後漢のころ、祁連（キレン）山脈を越えて、しばしば河西回廊の漢人オアシスに脅威をあたえ、唐代にもシルクロード東半部に進出して、一時は西域南道やトルファンをおさえたこともあった。

また、その分かれは今日の四川・陝西・甘粛三省の境にひろがる山岳地帯に入りこんだ。とくに武都を根拠地とした「武都羌」が有力で、安禄山の乱後、長安の西郊まで押しよせて、都の人たちの心胆を寒からしめたことがある。今日でも、武都や四川省の松潘地区には、チベット人が少なくない。いま中国ではこの地に「羌族自治州」を置いている。

四　自然と生活

天と地――雄大なアジア

天と地という、この雄大な二つのことばの意味を考えてみよう。

天という字は、大の字型に手足を広げて立った人間の頭上にあたる所に、一印をそえた会意文字である。だから天とは、もと脳天のこと、つまり頭蓋(ズガイ)の上の平らな部分をさすことばであった。山のいただきを頂上という。この頂も、分解してみると右側の頁印は頭のこと、丁は発音を表す音符であるが、同時にまた直線の当たるてっぺんをT印で表したものであるから、これも頭のてっぺんを意味する。してみると、脳天の天と山頂の頂とはきわめて近いことばである。

また「山＋顚(テン)」の字によって、山のいただきを示すこともある。そこで、天(テン)―頂(チョウ)―巓(テン)の三者は、いずれも「高くそびえた物の上に位置する平面」を意味することばであったことがわかる。大空は高く頭上に広がる平面だと意識される。六朝のころ、鮮卑族(チュルク人)の無名の詩人によって、

勅勒(チュルク)の川、陰山の麓。

天は穹廬（キュウロ）に似て、四野を籠蓋（ロウガイ）す。
天は蒼蒼、野は茫茫（ボウボウ）。
風吹き草低く、牛羊の見ゆる。（「勅勒歌」チュルク人のうた）

と歌われたあの天である。草原にヒツジを追う大陸の放牧者にとって、天は限りなく頭上に広がる平面であったのだ。そこで天はまた大空をさすようになり、大空のかなたにいますゴッドを「天帝」と称し、その大空におおわれた下界を「天下」と呼ぶようになった。その天帝から地上の全権をあずかった、と信ぜられた「ゴッドの御子」をかつて「天子」と称したのは、ご存じのとおりである。司馬遷（シバセン）の『史記、匈奴（キョウド）列伝』によると、匈奴の大酋長は撐利孤塗（テングリコト）といった。テングリとは、モンゴル・トルコ語で「天」のこと、コトとは団子型の頭↓子どものことである。

「天のみこ」という発想は、漢人も匈奴も同じであった。

地の字は「土＋音符也」からなる。也はひどく変型しているが、もとは毒刺（どくばり）を二本伸ばし、尾をL型に曲げたサソリの象形である。サソリは体が薄く伸び、狭い間隙（カンゲキ）にも平らにもぐりこむ。くつの底にピタリと伏せて身がまえる厄介な毒虫である。四十年前、私が北京に留学したころ、西城の借家の部屋はまだ土間であった。毎朝起床すると、まずおそるおそる布ぐつの奥をたしかめてから足にはくよう、老北京人（ラオペイチン）にいましめられたものである。薄く平らに伸びたものを表すのに、よくこのサソリを表す也印が使われる。たとえば虵（チ）（みずち）は、長く伸びたヘビである。池は水が薄く平らに、地表に広がったイケである。弛緩（シカン）の弛とは、弓がたるんで、グッタリと横に伸びたさまである。

起伏の多い日本では別だが、はてしなく広がる華北の地面を見た人には、地が「薄く平らに伸びた土」である——という実感がわいてくるであろう。それははてしなく大きな池の水面のように平らに、弛緩したごとくダラダラと際限もなく広がっている。大地の地とは、この大陸の平原のもつ印象によって名づけられたことばである。

秋と春——草木のいぶき

北中国の天と地に比べて、西北の天地はさらにはてしない広がりをもつ。唐の岑参（シンジン）はこう詠（うた）った。

走馬西来　欲到天　　馬を走らせ西に来たり　天に到らんとす、
離家見月　両回円　　家を離れてより月の　両回円《にどまろ》きを見たり。
今夜不知　何処宿　　今夜は知らず　いずこに宿るかを、
平沙万里　絶人煙　　平沙万里　人煙絶えたり。

岑参（七一五～七七〇）は、今日のトルファンにあった安西都護府の書記として三年、さらに西の輪台（今の焉耆《エンギ》）の都督府にも数年つとめたことがある。タクラマカン砂漠の天と地―人をすいこむような広がりが、かの地を旅したことのある私の脳裏にもよみがえってくる。

夏の間に伸び栄えた草木は、秋にはいっせいに葉を落とし、ひと回り小さく引きしまる。畑にはびこった作物も、いっせいに刈りとられ、そしてグイと引きしめられて束となり、しばって納屋に収められる。私たちの体さえ、はだ寒さになんとはなしに引きしまるのである。

秋という字は「禾＋火」から成っている。禾はイネやキビなどが穂を垂れた姿、火は乾燥する意味を表す。隹（トリ）を火（灬に変形する）にかざせば、チリチリとこげて肉がしまる。それを焦《ショウ》という。亀《かめ》を火であぶっても同じように引きしまる。焦《ショウ》と「亀＋火」（[亀＋灬]《シュウ》と読む）の字はまったく同じ発想から生まれた字であり、秋の字の代わりに「禾＋亀＋火」と書くこともあった。それを省略して穐《シュウ》と書くこともある。つま

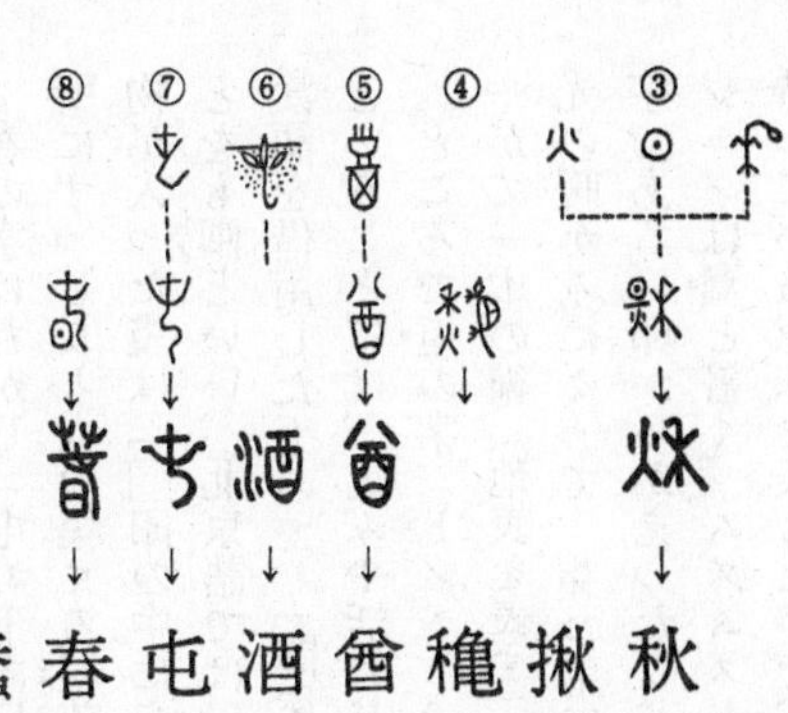

り穐(シュウ)＝秋(シュウ)＝焦(ショウ)であって、ものが乾燥して引きしまる季節を秋というのである。今の北京語では、分散した物をグイと引きしめる動作を「手へん＋秋」(揪)の字で書き表すが、それが秋の原義をよく保存している。また、ぐいと馬頭を引きしめる革(かわ)のたづなを「革＋秋」または「革＋酋(シュウ)」の字で書き表す。ブランコを鞦(シュウ)韆(セン)と呼ぶのは、ひもをグイグイと引きしぼることによって、座が前に後ろにと遷(うつ)るからである。

耳よりな話だが、酒は秋と同系のことばである。じつは今日、酋長という意味に使う酋(シュウ)が酒の原字である。だからむかしは酒作りの親方、いわゆる杜氏(とうじ)のことを「大酋(タイシュウ)」と呼んだ。酋の字の酉の部分はふたつきの酒つぼ、上の八印はうれた酒の香気が、左右に発散するさまを示す。ところで、蒸しゴメをつぼ(日本では樽(たる))に仕込み、うれたころを見て厚い麻袋に入れてグイとしめ上げると、ドブロクがしたたり落ちる。じゅうぶんに熟したモロミを、グイグイと引きしぼるので、サケのことを酒（漢音はシュウ）または酋と呼んだ。ちなみに一族を引きしめる、取り締まりの役を酋長と呼ぶのは、酒しぼりのかしら（杜氏さん）の意味から、のちに派生した用法である。

春の字はむかし「屯の下に日」と書き、のちさらに「草かんむり」をそえた。ひと所にずっしりと人の集まる聚落を屯といい、軍隊なら「駐屯する」という。ずっしり物が入った袋は「囗印の中に屯」という字で書き表す。物をずっしり買いだめすることをも囤といい、北京語では「囤積」という。日本語のトン屋とは、江戸時代にこの漢語を借用したもので、「問屋」と書くのはあて字である。要するに、トン・チュンということばは、重みや活力がずっしりと下にこもるとの意味を含んでいた。

ところで屯の字（トン・チュンと読む）は、ずっしりと生気をたくわえた草の芽が、やがて一本の線（地表を表す）から出ようとするさまである。それに日をそえて、日光の暖かみによって、芽の生気が呼び起こされることを表したのが旾（春の原字）の字である。卵からかえったウジ虫がシュン動するのは、飛び回る前段階である。このシュンは蠢と書く。ムズムズとして虫どもが下のほうでうごめきつつ、外に出る時を待っている意味を表した字で、春―蠢は同系のことばである。すでにおわかりになったと思うが、春とは植物や動物がずっしりと生気をたくわえ、やがての発展を待ちつつうごめく季節である。秋ということばが引き締めや収束を意味するのと、まったく正反対なのがおもしろい。

夏と冬

前漢の学者董仲舒（トウチュウジョ）は、春・夏（土用）・秋・冬の四季を、木火土金水の「五行」に配当して、その特色を説明している。

木は春、生の性、農の本なり。
火は夏、成長の本朝（とき）なり。
土は夏の中、百種を成熟せしむ（これを土用と呼ぶ）。
金は秋、殺気の初めなり。
水は冬、蔵して至陰なるなり。

そのうち、六、七、八の三か月は夏にあたり、しかもそのまん中の一五日間が土用（または三伏の候）、にあたる。夏は火によって象徴される熱い盛大な季節である。「五行説」は戦国時代に斉（セイ）の国の鄒衍（スウエン）が唱え出した。のち、漢方医学や占卜にまで浸みとおって、よけいなこじつけを生んだが、方角や季節の説明ぐらいまでは、なかなか味のあるところを見せている。

⑨ ↓ ↓ 夏

⑩ 叚 → 假

⑪ → 冬

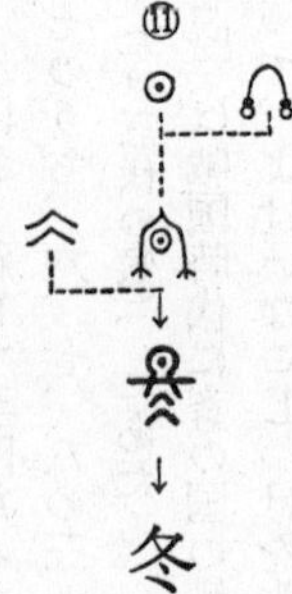

夏という字はまことに奇妙な形をしている。金文の字体の上の頁印は、頭に冠をのせた姿である。その下に夂印（あしの形）があり、両側には左右の手が描いてあり、肩には衣をかぶっている。上古の甲骨文字までさかのぼると、この字はさらに怪しげな姿をしている。体に奇妙なヨロイをかぶった仮装人形のようでもあるが、むしろ、カラをかぶった甲虫の姿であるとみたほうがよい。いずれにせよ、夏とは「何かをかぶる」ことを表している。夏は仮ときわめて近いことばを表す。仮の字の旧字体は、叚（または假）と書いた。これは長いヴェールをア型に垂らして、それを手でかぶることを示すため、右側に又印（手）をそえた字である。また＝印は、物をそろえる意味を表す。してみると叚とは、手でヴェールをそろえてかぶり、仮装することを表し

ている。それ故に、霞とは地上にかぶさる雲気を表し、蝦とは、固いカラをかぶったエビを意味している。夏―仮は同系語で、冠・衣裳やヴェールをかぶって、外面を大きく美しく、誇張して見せる意味を含んでいることがわかる。

中国では東方の背の低い人種を夷、北方の遊牧人種を狄＝犬の種族と呼んでいやしみ、南方の現地人を蛮と称してヘビの種族だとみなしていた。それに対して黄河流域に発展した人びとは、天下の中央に住んで、頭には冠をかぶり、体には衣をかぶって、盛大に表面を飾り立てる華やかな文明の民である。そこで、彼ら自身をば「中夏」の民と名づけ、のち「中華」とも書くようになった。またその盛大な漢人文化を創始したと伝えられる王朝を夏と名づけ、その元祖に禹を据えた。殷（商とも）の前に夏という時代があったというのは、『詩経』『書経』に始まる古い伝承であるが、夏とは中原の文化をたたえた呼び名であって、かならずしも今から四千年前の大酋長がみずからとなえた名ではなかろう。夏はもと「衣冠の民」の華やかさをたたえた美称であるが、この文明の大きな欠点は、とかく虚飾と誇張とに流れやすいことであった。そしてまた、自信にあふれるあまり、大国主義に流れやすいことであった。

ナツには木が葉をかぶり、大地が緑の衣をかぶる。見るからに大きさの誇示される季節である。そこで夏ということばは、一転してこの華やかな外観を呈する火の季節の名となった。漢代の学者揚雄は、その著『方言』の中で、「およそ物の壮大なるとき、これを愛偉して夏という」と明確に書き残している。

冬の字の上部は貯蔵用の乾肉か乾果実を、ホシ柿のように両側につるした形、下部は氷を意味する「二すい」である。冬ごもりの乏しさに備えて、集まるだけの食料を貯える。その季節を冬という。だから糸を巻きおさめて、糸巻きの軸いっぱいに貯えたのを終という。この字は「糸＋音符冬」から成っており、糸の巻きおさめ→おわり、という意味を表した。冬―終はもちろん同系のことばである。しかし、終は「糸のおわり」だし、冬は「一年のおわり」だから同系だ——というのは、すこし雑にすぎる俗説である。終（おわり）というのは、たっぷり糸を貯えたということから派生した意味で、本来の基本義ではないのだから。

冬は三千年たっても*tong→tong（トウング）という発音は変わっていない。しかし終はiを含んだため、*tiong→tʃiung（チウング）と変わり、日本ではシュウと読まれるようになった。

さて、貯蔵すれば家の中は充実する。その充はまた冬や終と同系である。冬の語尾がつづまると篤となり、充の語尾がちぢまって貯蓄の蓄となる。語尾のng↔kが入れかわる現象を、漢語音韻論では「対転」という。冬↔篤は典型的な対転の例である。篤実の篤も貯蓄の蓄も、ともにいっぱいにつめこむ意味である。寒気にさらされた冬は乾燥しきって食物も僅少となる。その僅→饉（食物がわずかしかない）に備えた太古の人たちの「貯蓄」の知恵が、冬（トウ）ということばに浮き彫りにされているのだ。怠け者のキリギリスを笑った、あの勤勉なアリの心なのである。

五　うつわの形

土器を作る

新石器時代の人間は、すでに土を焼いて容器を作ることを心得ていた。自然のままの石を拾って、少々端を欠いてみても、簡単なキネやオノの代用には使えても、凹めたり曲げたり、丸味を加えたりした形などは、そう容易に作れるものではない。自然人びとの目は、細工に適した粘土に向けられる。当初は焼くことを知らず、ただ泥細工を乾燥させて容器を作ったであろうが、やがて陶土を探し出して、それを焼くことによって、素焼きの固い器が作れることに気づいた。これが土器の誕生である。北中国では、仰韶（ヤンシャオ）文化（六千年以上前）の彩色土器が異色をはなっている。ややおくれて竜山（ロンシャン）文化（五千年前～四千年前）の黒陶が、今日でもほれぼれするほどの黒いつやを見せている。これに対して、淮河・長江より南では、やはり六千年以上前から、灰色の縄文やヘラ紋を印した地味な土器が焼かれていた。さかんに器を焼くようになるのは、人間が「新石器時代」に踏みこんだしるしとされている。

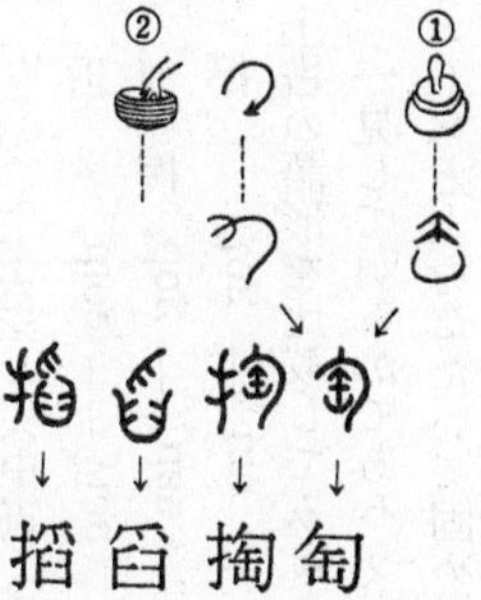

①　匋　掏

②　舀　搯

さて陶器の陶の原字は右側の匋という部分である。その中の缶という部分は、「凵」型の臼の中で、↕型の杵（きね）を上下させて、トントンとついている姿を示す。↕印は、後世の杵の原字である（全体をふたつきの丸い土器とみてもよい）。のち、モチをついたり、こねたりすることを搗（トウ）・搯（トウ）というが、この匋の字の示すのも、まさにその動作である。匋の外側の勹印は、包の字の外側と同じで、スッポリと外わくでつつむことを示す。土器を作る場合に、手のわくかまるいウス型の中にまず粘土をおしこむ。粘土は外にはみ出ないよう、外わくでスッポリ包まれた状態となる。そして粘土が隅々まで、万遍なく行き渡るよう、手でこねまわすか、あるいは棒でもってトントンと端から端までたたく。また粘土を練るさいにも、外わくの中に粘土をスッポリ入れて、棒でこねるであろう。匋の字はそのさまを表している。

舀と鋳　匋（トウ）と舀（トウ）（ユウとも発音する）とはまったく同じ動作を表す異体の字である。舀の字の下はやはり外わくとなる臼（うす）であり、上部は爪（手先の形）である。臼の中の物を練ろうとして、手先でこねまわすさまを、まざまざと表した会意文字である。ついでに付言すると、金属を型に入れて、陶器を作るのと似た操作をするのを鋳（チュウ）という。チュウとトウとは、向じくtやdを声母としたもので、上古には酷似した語形であった。また築地（ついじ）（土塀）を作るときにも、粘土をトントンとつき固めていく。その動作を築（チク）という。いま、

	〈上古〉	〈中古〉	〈日本の漢字音〉		〈上古〉	〈中古〉	〈日本の漢字音〉
舀	*diog	yiəu	ユウ	鋳	*tiog	ṭiəu	チウ
匋・掏	*dog	dau	タウ	築	*tiok	ṭiuk	チク
擣	*tog	tau	タウ				

*印は上古の漢語を推定した発音。

の上古の語形を比較してみると、これらのことばがよく似た発音で同系語であることは、一見して明らかであろう。なお同じ動作を足で行なえば蹈という。蹈とは、足でトントンと土をたたいて固める動作であって、築（トントンとつき固める）ときわめて近い。

曾（こしき）

これから、さまざまな器の形と名称とについて説明していこう。殷・周の時代に青銅器が鋳造される以前、たとえば竜山文化の陶器には、すでにたいていの原型ができあがっていた。中国の器の特色である三足の器も、仰韶文化の遺跡から出土している。

曾は、のち甑（ソウ）（こしき）と書かれた字の原字である。③曾の下部は、日ではない。火を燃やす口のついたこんろの形である。その上に竹で編んだスノコの枠をのせる。そのスノコの形を⊕印で示す。最上部の、八印は、湯気の発散する姿を示す。つまり曾の字は、「八（ゆげ）＋⊕（スノコ）＋日（こんろ）」の会意文字だといってよい。

ところで、こしきを曾（ソウ）*tsəng と呼んだのには、理由がある。この〔TSENG〕型の単語仲間は、いずれも一段、また一段と上に重ねる（ふえる）との意味を含んでいる。

層（ソウ）「尸（やね）＋音符曾」、下の家の上に上の二階・三階が重なる。——この尸印は屋の字の上部と同じで、おおいの垂れたさま。やねを意味する。尸（シ）とは別の字。

増（ゾウ）「土（つち）＋音符曾」、下の土の上に、また一段と土を重ねる→増加する。

贈（ゾウ）「貝（たから）＋音符曾」、相手の持ち物の上に、さらにこちらから財貨を加えてあげる→贈与する。

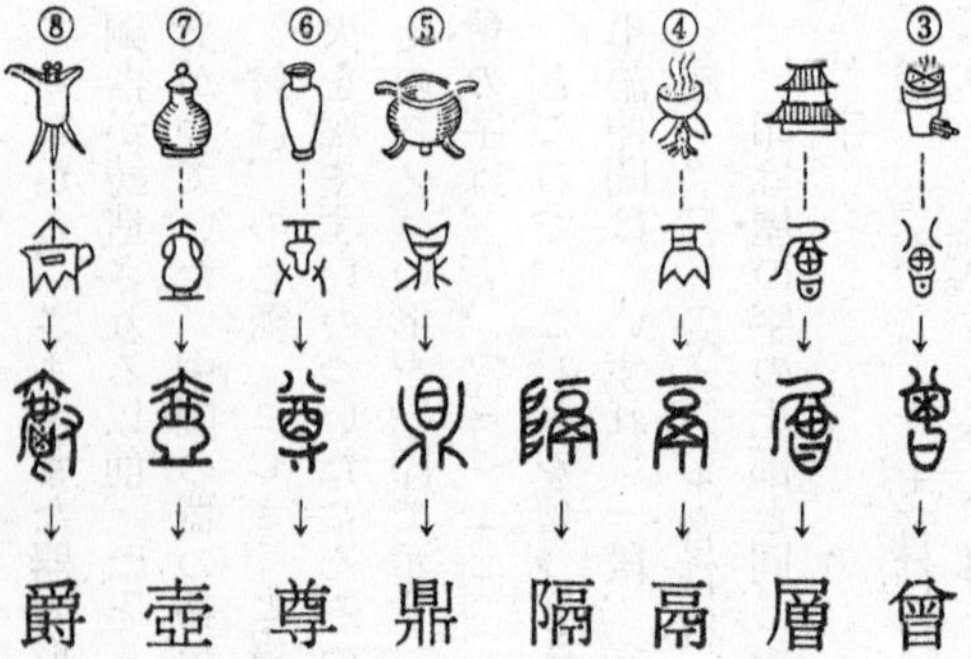

③ → 曾

層

④ → 鬲

隔

⑤ → 鼎

⑥ → 尊

⑦ → 壺

⑧ → 爵

こしきは、まさにそういう型式の土器である。火を燃やすこんろの上に、さらにスノコのわくをのせる。そのさまは、一階の上に二階がのるのと同じであろう。もっと進歩すれば、今日モチゴメをふかす蒸籠（セイロウ）のように、三段でも四段でも上に加えてふかすこともできる。まことに能率のよい炊事用具である。こしきを発明したのは、よほど頭のよい男で、今日ならさしずめ生活文化賞にも値しよう。

曾（ソウ）ということばは、やがて副詞に転用される。未曾有（いまだかつて有らず）のように、曾は「かつて」と訓読される。曾聞（かつて聞く）とは、当面する事態の前に、もう一つ以前の経験が重なっている場合に用いる言い方である。その逆に、以前に同じような経験が重なっていない場合には、「未曾有（ミゾウ）」という。副詞に使うようになった曾も、よく考えてみると、「層をなして上に重なる」という基本的な意味をふまえていることが、明らかであろう。

三足の器

こしきよりも、さらに手のこんだのは、古くから中国で鬲(レキ)と呼ばれている中国独特の炊事用具である。仰韶文化→竜山文化を通して、華中はもちろん華北や西北地方からも、この珍しい土器が幾つも発掘されている。下にふくらみをおびた三本の足があり、その中に水を入れる。上には底に穴のあいた碗形の部分がくっついている。三脚の中央下で、下から火を燃やすと、三脚の中の水が沸騰して蒸気が立ち、穴を通して上部の穀物をふかすことができる。三脚の広い面がすべて熱にあたるので、きわめて能率がよい。このレキという土器を、そのまま画にした象形文字が、鬲の字である。

さて、鬲 *lek→lek レキに対して、隔 *kĕk→kăk カクという発音が分岐するので、上古にはおそらく *glek・*klek のように語頭に複子音があったらしい。それはさておき、隔離(カクリ)の隔（別々に分ける）や、横膈膜の膈(カク)（胸部と腹部とを分けるまく）などが、これと同系のことばであることは、まずまちがいあるまい。鬲(レキ)を作るには、もちろん上部と下部の三脚とを別々に作り、最後にそれを連結させねばならない。レキとは、かなり手のこんだ、高級な用具である。部分部分が隔離しているから、後世にはこの字を利用して、隔や膈ということばを表したのである。

後漢の劉熙(リュウキ)の『釈名』の中に、「膈(カク)とは塞なり。上下を隔塞して、気(いき)と穀(たべもの)とを、あい乱れざらしむるなり」とある。レキという土器は、上部と下部とを別々にこしらえて、上部には穀物を入れ、下部では水蒸気を立たせる。それを人体の構造になぞらえたのは、まことにおもしろい。横膈膜の上方は、息の出入する肺であり、その下方は食物の出入する胃腸である。

鼎（かなえ）

太古の土器の鬲（レキ）が三脚であったことは、後世の中国、いなひいてはアジアの器具の形に、大きな影響を及ぼした。三本足の容器は、すべて直接間接に、太古のレキの形を継いだものだといってよい。なかでも、鼎（テイ）（かなえ）こそは、レキの形をそのままに継承して、いかにもアジア的な、三脚を備えた形をしている。ただレキにおいては水を入れていた三脚が、殷・周からあとの鼎においてはたんに器をささえる三脚となったにすぎない。同時に、土器としては、火を燃やして煮る炊事具であったレキが、出来上がった食物を盛りつける鼎となった。盛りつける食器となれば、実用を離れて装飾的となる。土器の鼎もあるにはあるが、鼎はやがて青銅で鋳られるようになり、さまざまなグロテスクな紋様を刻まれて、後には祭礼のときの、供物を盛る祭器となった。さらに祭祀（さいし）や礼式に使うという面に傾いたあげくには、ついに祭壇でお香を燃やす香炉となり、まったく実用の面から離れてしまった。

指を鼎に染む　春秋時代には、鼎はなお実用の食器であった。鄭の公子、子公は時の王の霊公と仲がよくなかった。南の楚の国からみごとなスッポンを献じて来たとき、子公はそれが食べたくてたまらない。「子公の食指動く……。他日吾かくの如くにして、必ず異味を嘗めんと」。ところが霊公はそれを知って、わざと子公には食わせない。「子公怒り、指を鼎に染め、これを嘗めて出ず」。怒った霊公は、無礼な子公を殺そうとしたが、機先を制した子公のため、逆に殺された（『左伝、宣公四年』）。この話をみると、当時の貴族たちはスッポンの料理を鼎に盛ったものとみえる。また、食べたいと思うのを、「食指が動く」といい、先鞭をつけるのを「指を染める」というのは、この逸話に由来するのである。

鼎の軽重　実用を離れた鼎は貴重な祭礼用のうつわとなってきた。周の王室には、禹の時代の遺品だと伝える宝鼎が保存されていたらしい（ただし、いま北京歴史博物館にかざられている禹鼎は、一九四二年に陝西省岐山から見つかったもので、西周末期の作である）。周代の末、王室の威光が衰えたころ、楚国の君主が洛陽を訪れて、周王の使者に会い、「鼎の軽重」を問うた。王の使者王孫満が、それに対して堂々たる答えをして、楚の無礼な質問をたしなめた。「昔、夏の徳あるや、……鼎を鋳て物を象どり、百物これがために備わり、民をして神と姦とを知らしむ……。桀、徳を昏くするあり。鼎、商に遷る。載祀六百なり。商紂暴虐なり。鼎、周に遷る。

……成王、鼎を郟辱（今の洛陽西郊）に定め、世を卜すること三十、年を卜すること七百、天の命ずるところなり。周の徳、衰えたりといえども、天命いまだ改まらず。鼎の軽重、いまだ問うべからざるなり」（『左伝、宣公三年』）。これによると、当時は夏—段—周と伝わった国宝クラスの鼎があって、それには神々と悪者、およびさまざまな物象の姿が刻んであったらしい。

鼎は三本足であるがゆえに、四本足よりもかえってよく安定する。鼎という字は、もと足つきのうつわその物を描いた象形文字である。しかしそのティtengという発音は、定ディdengや停ティténgときわめて近く、鼎—定（じっとおちつく）—停（じっと止まる）は同系語だと考えてよい。三国時代に、魏—呉—蜀の三つが分立した姿を諸葛孔明は「天下三分の計」ということばで表現したが、それを「鼎立」ともいう。これは暫定的ながら、一つの平衡状態である。少なくとも二国対立や南北対抗の姿よりも安定している。昔から国の重臣として「三公」をおいた、というのもその発想にもとづく。今日の「三権分立」などという考えも、お互いにチェックしあう体制をめざしたもので、鼎の三脚のバランスにあやかろうというのであろう。

尊（さかつぼ）

尊は代表的な酒器である。もとは酒や汁を仕込み保存したツボから発達したものである。ヒョウタン（胡盧・壺盧という）のシンをくりぬいて、酒や汁を入れるのがごく自然に、どこでも見られる農村の習慣で、その形をまねたのが壺(コ)である。昔はhlo・holo（今日ではフゥルゥ）という発音であっただろう。壺はしかし腹がまるまるとふくれている。それを細長くスマートにしつらえたのが尊である。尊という字は、この酒器の下に手をそえた字で、寸は手のかたちの変形である。尊tsuənは、昔も今も変化しなかった発音で、次の二つの意味を含んでいる——(1)形よく上品である。(2)細いけれども座(すわ)りがよい、トンと据わっている。尊貴・尊大というときの尊は、その意味を共有している。足へんをそえた蹲(ソン)とは、足先にお尻をのせて、トンと座りよく重心をおとした——という意味である。また、ヤリやホコの柄の先端につけた「石づき」の金具を鐏(ソン)というが、それも細長くてかつトンと座りよくヤリを支える金具——という意味である。

尊には銘文を刻して器を作った縁起をのべたものが多い。ご参考までに一つの例をあげてみよう。この字体は金文（青銅器文字との意）で、まだ扁(へん)のついていない字が多い。

……隹(これ)（維）王恭徳谷（＝裕）天、順（＝訓）我不敏。王咸（＝感）誥可（王子の名）、易(たまう)（＝錫）貝卅朋(ぼう)、用乍(つくる)（＝作）□公尊彝(ソンイ)、隹(これ)（維）王五祀(し)。（一九六五年陝西省宝雞出土、周の成王五年、成王が王子を訓戒した銘文の末尾）

爵(シャク)（酒つぎ）

字体⑧に示すように、この器は小鳥（つまり雀(シャク)）の形になぞらえたもので、爵(シャク)―雀(シャク)は同系語である。功績をあげたしるしとして王が諸侯や王族に与えたもので、それぞれの家の宝として保存される。祭礼のときに取出して酒をついで座に回したのであろう。つまり古代の酒杯である。賞賜のしるしであるから、のち公侯伯子男（五等爵という）という爵位の意味となった。トリになぞらえたのは、殷代の鳥トーテムの習俗と深いつながりがあったと考えられる。殷・周の時代には多く用いられたが、春秋戦国の時代にはずっと減っている。

六　工作・工事の原点

「工」すること

工作といい、細工という。またこまかく手のこんだ細工を巧妙だという。この巧の字にも、工という部分を含んでいる。いったい工とは何であろうか。中国の木工・石工・金属細工など、あらゆる工芸の発達のいわれを、いま工ということばを軸にしてたどってみようではないか。

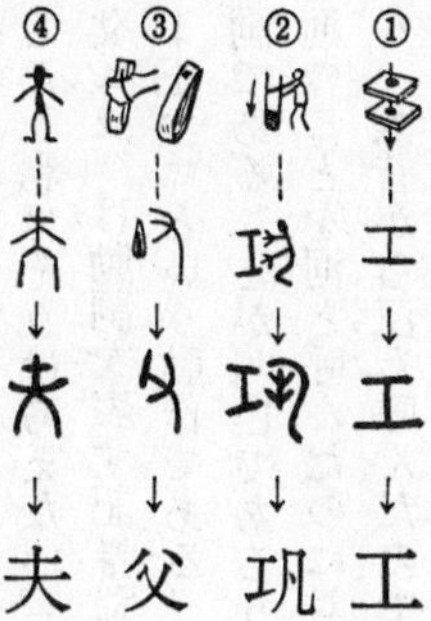

① → 工 → 工 → 工

② → → → 巩

③ → → → 父

④ → → → 夫

工という字については、I型の工作台の形を横から描いたのだという説もある。

しかし私はそうは考えない。およそ政・改・放・敍・教などの字を並べてみると、攵（攴）は動詞を表す記号だということがわかる。たとえば、政とは「正しくする↓正す」という動作である。してみると、攻とは「工という状態にする」という動詞であることが明白であろう。また、大陸をカギ型（┐└の形）になんども屈曲する黄河のことを河と呼んだのに対して、大陸を西から東へと「つきとおす」長江のことを、大昔から江と呼んだのである。

「攻破」とは、「せめやぶる」と訓じるが、城壁を攻破するとは、城壁をつき破って穴をあけることである。してみると、工という字は、上面と底面を示す二線の間を、タテの|線でつらぬいて、上下をつきぬいたさまを示すと考えてよい。きわめて簡単かつ明瞭な指事文字である。

工とは穴のあくこと、攻とは穴をつらぬく動作である。したがっておよそ〔KUNG〕型の発音をもつことばは、すべて穴に関係がある。扛（つきぬく、棒をつきとおして荷をかつぐ）―空（穴があいている、中空である）―肛（尻の穴）―孔（あな）などすべて、同系のことばである。

穴をあけることを示すもう一つの字は、恐という字の上部の巩という部分である。（空 *k'ung → k'ung は昔からの発音が変化しなかったが、巩は介音のイをともなったために、k'ung → k'iuong → k'iong〔キョウ〕のように変化した)。巩は、「両手を出した姿＋音符工」から成り、両手で穴をあけている意味を表す。心の中に穴のあいた気持、つまりうつろな(空虚な)気持を恐(心＋音符巩)といった。「おそろしい」とは、その不安な気持をごく大ざっぱに訳した訓にすぎない。

穴あき石斧

古代人は、穀物をたたいたり、物をたたき割るために、石斧(セキフ)を用いた。世界中、石斧は到る所で発掘されてはいるが、中国の石斧は、やや趣向が異なっている。それは「穴あき石斧」と呼ばれて、手で握る所に丸い穴があいていることである。

⑤ → → → 戈

⑥ → → → 戟

⑦ → → → 戉

⑧ → → → 干

⑨ → → → 矛

⑩ ┆→戊→戊

オノを表すことば　父という字をチチの意に用いるのは、まったくの仮借字（あて字）である。むしろ夫の字こそは、大の字に立った男の頭に、冠（かんむり）またはマゲをのせた象形文字だから、夫という字が「成人男子」を表す本字であった。父はじつは後世の斧（おの）の原字である。この字は●型の石斧を手（又）で持っているさまを示す会意文字である。それを父（*pïag→pïa→pïo→pïu フ）と称したのは、じつは拍*p'ak（うつ）、搏*pak と同系のことばで、パクパクと物を打つのに用いるオノだからである。

さてこの父（斧）の上部に穴をあけたのは、なぜであろうか。それは穴にひもを通して、手にしばりつけ、打つ時に力が入るように固定させ、さらには木の柄をつけて、打つ能率を高めるためであった。柄をつけると、後世のマサカリや、今日のマキワリの形となる。これを振れば、テコの原理によって、打ち当たる力は何倍かに強められる。一見すれば大した差はないようだが、穴あき石斧は、普通の石斧に比してはるかに進歩した工具だといわねばならない。そしてこの穴あき石斧を作るには、かなりぶ厚い石材に穴をあける――という「技巧」を必要とするのである。当初は石英の鋭い破片でゴリゴリと穴をほり進み、何日もかかって貫通させた。だが穴のまわりがあまりに形よく切り立っているので、中国の考古学者は、筒型の石英をさがし、砂をこぼしつつ筒を回したのではないかとも考えている。とにかく、穴あき石斧を常用した中国の先史時代の人びとは、おそらく手先の細工にかけては、一頭地を抜く天才であったと考えてよい。精密きわまる殷帝国の工芸が登場するはるか以前に、すでにこうした基礎的な細工の伝統が存在していたのである。

後漢の許慎(キョシン)の『説文』には、

銎(キョウ)「斤斧(おの)の穿(あな)なり。金＋巩(キョウ)の声（声とは発音のこと）」

鞏(キョウ)「革(かわ)をもって束(しば)るなり。革＋巩の声」

とある。この銎こそは、古代の石斧の穴のなごりを表すことばだし、鞏とは、その穴に革ひもを通して縛ることであった。

カギ型の武器

次に武器のおもなものの形を検討してみよう。まず、戟(ゲキ)・戈（クヮ・カ）・戊(ボウ)・戉(エツ)などを、前出の図に示した。鈇(フ)は斧(フ)と同じことばで、金属のオノを示すために字体を変えただけであるから省略する。

合戦することを「干戈(カンカ)を交える」という。干（桿(カン)や幹(カン)の原字で、Y型のこん棒のこと。

相手を突くにも、打ってくる相手の武器をおさえるにも使える。干犯の干（カン）はおかすこと。捍（カン）とは防ぐこと）と戈（カ）（ほこ）とは、兵器の代表である。戈とは「型の刃の根もとに穴をあけ、木の棒に革ひもで結びつける。戉（エツ）はマサカリで、これは金属の刃自体に穴をあけて棒を通してある。戟は進歩した武器で、前後がとがり、かつ「型の根のほうまでも刃がついている。戊（ボウ）は、戈の変形で少しく刃の形が違うだけである。矛（ボウ）だけはヤリに似た突く武器で、これは刃の根もとに大きく穴をあけ、柄をさしこむようにしてある。

以上のうち、矛を除き、その他はすべて「型の武器である。日本のトビロ式の形だと考えてよい。このように、大部分の武器が「型であるのは、注目すべき特色である。これは何の影響であろうか。

前述のとおり、石斧に穴をあけたのは、棒を直角にゆわえつけるためであった。棒をゆわえつければ、当然「型となり、マサカリ状を呈する。その基本型が、戉—戈—戟など、ほとんどすべての武器の形を支配し、最も工夫をこらした戟（ゲキ）に至っても、なお「型を呈しているのである。そして、これらすべての金属武器の、根もとにあけた穴を銎（キョウ）といい、その穴に通して、柄に結びつける革ひもを、鞏（キョウ）といったのである（鞏固とは、ひもでゆわえて固定すること）。

まことに、穴をあけることは、古代人にとって至難のわざであり、特別の工夫を必要としたのである。しかしその技術（工）は、穴あき石斧という常用の工具のために早くから発達し普及した。だから、のち工作・工芸などの手のかかる細工を工と呼ぶのである。また、大切な道具としては、紡錘があった。古代にはカイコの生糸（素という）を幾すじかより合わせるため、◎型の重しを作り、それをぶら下げ回転させて、素糸をよった。この紡錘には、粘土を素焼きにしたのもあるが、また丸い石に穴をあけたのもある。してみると、紡錘石を作るにも、工（穴あけ）という技術は不可欠のものであったといえよう。

版築という工法

さて「版築」とは何だろうか。この工法は、今日でも黄河流域の農村でよく見かける築地の塀や壁を作る方法である。日本の築地の塀も、基本的にはこれとよく似た工法を用いたもので、古く奈良時代に中国から紹介されたものだ。まず一間の長さの板二枚と、くい棒四本を用意する。四隅にくいを打ち、板をそれにゆわえつけると、長方形の枠ができあがる。その枠の中に黄土の土をいっぱいに入れ、二人が杵を持って、エイヤエイヤとつき固めるのである。それを俗に打夯といい、その時にうたう歌を「打夯歌」という。黄土はキメが細かいので、トントンとつき固めると、石のように固くなる。固まったところで板をはずし、棒ぐいをさらに長くして、また第二段めをつき固める。こんどはまた、横に棒ぐいを移し、板をはめなおして横に築地を伸ばす。こうして、上に横にと伸ばしていくと、丈夫な壁や塀ができてくる。華北はもともと雨の少ない土地だというせいもあるが、いちど築いておけば、十年や二十年はびくともしない。大きな土城の城壁なども、がんらいはこの工法で作ったものであり、秦・漢の万里の長城は、その最も大型のものであった。後世には煉瓦を焼いて、それで土城の外面を補強したが、城壁のシンはやはり版築で固めた土でできている。そこで「築」という字をご覧いただきたい。それは「発音を表す竹＋工（工事に使う杵）＋人が両手を伸ばして杵を持つさま＋木（板や棒ぐい）」から成っている。まさに、板で囲んでトントンつきこむことを表した字である。竹—築は同音であるが、じつはタケの茎自体が、まんべんなく周囲を固めた形をしていて、版築工法において、周囲をまんべんなく板で囲むのとよく似ている。竹—築は、意味も発音もあい通じるから、同系語である可能性が多い。この工法では、板が大切な役目をはたすので、とくに版築（版は板と同じ）と呼ぶのである。

西安市（かつての長安）の西十五キロの地、今日の「阿房人民公社」の麦畑の中に、紀元前三世紀に秦始皇帝が築いた阿房宮の土台が残っている。平野の中に電柱よりはるかに高い広大な台地を造成するため、何万人も動員して、エイヤエイヤと版築による外壁を作り、その中へ大量の土を運びこんだのであった。今日でも版築の跡がはっきり見てとれ、各層の厚さは約二〇センチである。一九八〇年の夏、この台上に立ったとき、かげろうの中から地づきのうめきが聞こえてくるような気がした。

漢の高祖が築いた長安城もいま西安西北郊の馬家寨人民公社地内に残っている。全体が北斗状のいびつな形をしているが、とくに南の城壁に版築の跡があらわである。じつはそれよりも千三百年も古い殷の土城（今日の鄭州市の地下に埋れている）も、版築によって造られたものであった。

「城」ということば

では城の説明に入っていこう。

⑪ → 筑　築

⑫ → 成

「城」や「盛」のもとの字は、いうまでもなく「成」という字である。この字は「戉（木の棒を柄につけたホコ）＋音符丁」から成っている。この場合の「丁」は打（トン

トンとうつ）という意味を表したもの、また「戉」は、武器としてのホコではなくて、むしろその柄につけた丈夫な棒（手にもつ工具）を表すのであろう。そこで「成」とは、棒でトントンと打って、欠けめのないよう、すみずみまで打ち固めることを表している。一角でももろい所があると、そこから崩れてくるので、完璧に打ち固めて、まとめあげなくてはならない。その動作を「完成」と呼ぶ。つまり成（しあげる）とは、欠けめのないように打ち固めて、まとめあげることであった。それに「土へん」をそえたのが「城」という字なのである。そう考えてくると、成はむしろ城という字の原字であると説くのが正しいだろう。中国の城は、居民区を含めた全体をまとめて囲むので「城市」という。

ついでに盛についても触れておこう。皿の上に飯をいっぱいにのせる。崩れないようにヘラでトントンと軽くたたいて三角型に盛りあげる。城壁の土を盛りあげて崩れないようにたたくのと基本的には同じだから、成—城—盛はまさに同系語なのである。

朝鮮半島、古くは高句麗や扶余国（いずれも旧満州東部）においては、村落を守るために背後の山上に石積みの砦をこしらえた。日本の城はその流れをくむから、多くは険要の地に、住民の家とは別に造られている。しかし中国の城は、平地の集落（邑）を包括する形で造られた。春秋戦国いらい、大きな諸侯の城は十万、二十万という居民を中に住まわせたものである。『説文』に「城とは民を盛る所以なり」と説くのは、ユニークな解説である。

七　絹(シルク)と桑はどこから

家蚕かヤママユか

人間は最初は皮革を身にまとったものであろうが、これはうまく肌に合わせることがむずかしい。そこで次には植物繊維、とくに葛(くず)（それをすいて編んだのを褐(カツ)という）、麻(あさ)などを材料として布を織ったが、これはゴツゴツして保温の力が弱い。カイコの糸をつむいで絹布を織るという技術は、東アジアの人びとの画期的な発見であり、それが衣生活にどれほど貢献したかは、とうてい計り知れぬものがある。安陽県の殷墟から発掘された青銅の斧(おの)に付着した綾(あや)織絹の断片があり、それは家蚕の糸で織ったものだと報告されている。また卜辞の中には、「蚕示（かいこのかみ）に三牢(ロウ)（犠牲の牛三頭）」と刻まれたものがあり、カイコの成育を祈る祭礼があったことも推定されている。

仰韶村遺跡の紡錘石

黄河下流の河南省澠池(メンチ)県の仰韶（ヤンシャオ）村から、一九二一年に新石器時代の遺跡が発掘された。この遺跡から、紅と黒のみごとな幾何的模様を描いた「彩陶土器」が出たが、同時にヤママユらしい化石と紡錘用の石と

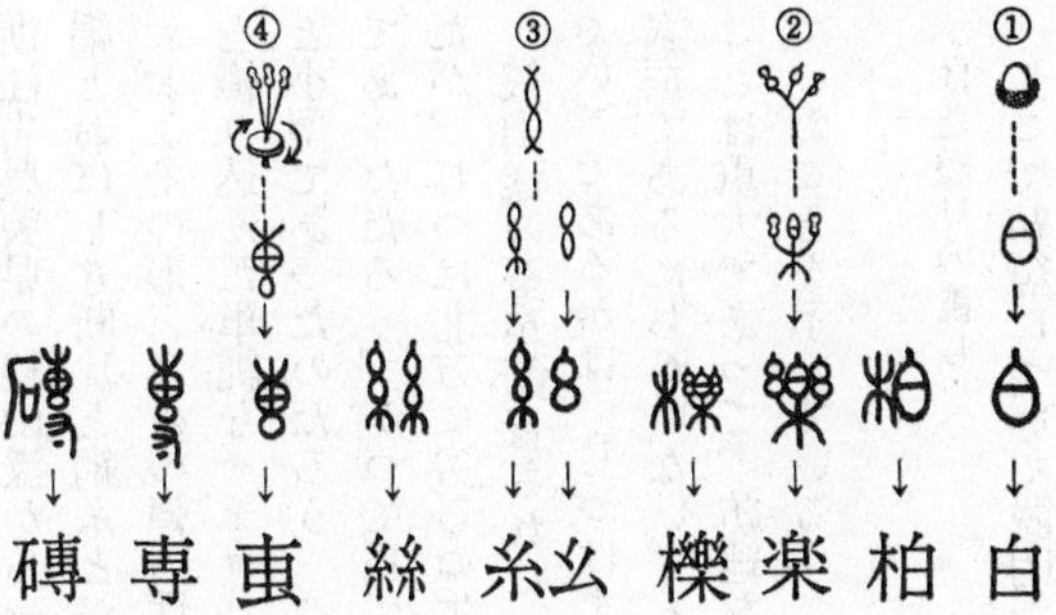

① 白 → 柏

② 楽 → 櫟

③ 幺 糸 → 絲

④ 叀 → 専 → 磚

が発見された。この遺跡は、殷墟よりはるかに古い今から六千年以上も前の集落の跡だと推定されている。してみると、蚕業の起源は予想外に古い。ヤママユはシイやクヌギの木に自生してマユを作る。マユは黄色みを帯びて繊維はあらいが、けっこう丈夫な織物を作ることができる。なお白という字は、ドングリ状の実の象形である。実の肉は淡白な色をしているので、のち「しろい」という意味となった。また、字形②楽は後世の櫟（クヌギ）の字の原字で、「木＋白（ドングリ状の実）＋両がわに糸」から成っている。実のついたクヌギの木に、ヤママユが8字型のマユをかけた姿である。クヌギの実は丸く小さくゴロゴロしているので楽（ラク）といった。ゴロゴロした小石を礫（レキ）というのと同系のことばである。楽（旧字は樂）や幼に含まれる幺（ヨウ）（細い、小さい）は8字型のマユの形であり、糸は、その生糸（素という）をより合わせた細い絹糸である。

仰韶よりも新しいが、今から四千五百年前、新石器時代の末の遺跡が、長江の南、浙江省呉興県の銭山漾(ヨウ)から一九五八年に発掘された。二年後に、そこから麻織のほか、絹とおぼしき断片と絹糸とが発見された。竹かごに納められて炭化しているが、今なおおよその形と多少の弾力性とを保存している。絹織はインチあたり一二〇本の絹糸を織り込んだ単純なタテヨコ平織りで、糸が細い。おそらく蚕もマユも今日よりずっと小型であったのだろう。この土地は太湖につらなる水郷で、当時は海岸に近い湿地であっただろう。かつて長江以南は新石器時代の遺物のない空白の地と考えられていたが、じつは北方に劣らぬ生産が太古から徐々に進んでいたのであった。

銭山漾の蚕が飼育された「家蚕」であるか、それとも「野生の蚕」(ヤママユのたぐい)であるかは、じつはまだ明らかでない。しかし殷墟の遺跡から発掘されたのは、家蚕であるにちがいない。とにかく新石器時代の末の各地遺跡から紡錘の発見されたことは重大であって、紡錘を用いて糸をつむぐ技術が、おそろしく古くから見出(みいだ)されていたことを示している。

はた織りの重し

ここで紡錘について説明を加えよう。専門の専の字の上部は、「叀」という形である。今日の『説文』には脱文があって明白でないが、『太平御覧(ぎょらん)』という書に記録された唐代の写本の系統を引く『説文』には、この字を「紡錘なり」と解説している。

専　三つのマユから取った三本の生糸を、この紡錘を重しとしつつ巻きとると、「より糸」ができる。もちろんその紡錘は回転させて、その回転力を利用してより糸をよりつつ伸ばしていくのである。そのさまを画いたのが「叀」という字である。紡錘のまん中の穴には、糸をなん本かからませた棒をさしこんだものと思われる。紡錘の本体としては、石を丸く磨いて使ったり、土器の破片を丸く削って用いたりするが、むしろ後者のほうが多い。そこで後世でも、丸い瓦を甎といい、丸い石を磚という。丸いおだんご様のものを団（團）といい、グルグル回るのを転（轉）という。

甎・磚・専　*tiuan → tiuen → tʃiuen（セン）

転　*ṭiuan → ṭiuen → ṭiuen（テン）

団　*duan → duan（ダン）

注：tのあとに強いiのついた形はtʃ（チ）となり、tのあとに弱いIのついたばあいは、そり舌音のṭとなる。

はすべて同系のことばで、基本形は〔TUAN〕という語形だと抽象することができよう。TUANは「丸いもの、回るもの」という意味を含んでいた。しかも〔TUAN〕が〔TUAR〕に転じると（語尾の対転という）、こんどは垂・錘・堕（上から下へ）・朶（上から下へ垂れる）などの意味を含むことばとなる。

垂・錘・綞　*tiuar→tiue→tʃue（スイ）
堕・朶　*duar→dua（ダ）

してみると、専（セン）や甎（セン）は、また垂（スイ）や錘（スイ）（上から下へ垂れるまるい重し）とも同系のことばだと考えてよい。紡綞（ボウスイ）（糸つむぎの重し）といっても紡専（ボウセン）といっても、じつは同じことなのである。そこで、前述の語義をもう少していねいに補うと、→*TUAN～*TUARという古代のことばは「丸くて、垂れる、重し」のことであると定義してよい。紡綞をクルクル回して垂らすと、それはコマと同じように「フレ」を防いで、ジッと直線状にぶら下がる。また、なん本もの原糸が一本のより糸にまとまってくる。専の字に「専一」（それ一つだけ・ひとすじにまとまる→もっぱら）の意味を生ずるのは、回転軸が固定して一本にまとまることからの派生義であろう。

クワとカイコ

クワは中国原産の植物である。しなやかな枝にふさふさと緑の葉を茂らせて、後から後からと生長する。もっとも今日の日本では、背たけを低く刈りこんで大木にはさせないが、古代の中国では大きく茂らせたようである。

山東のクワ　南方では長江の下流で蚕糸・絹織が誕生したが、華北では、河北デルタと山東がもっともクワの生育に適していた。『書経』の「禹貢」という篇は春秋戦国のころの地理の知識を、禹の治水にかこつけて集約したもので、さして古い文献ではないようだが、そこでは黄河デルタにクワが繁殖して、カイコが養われたことを記している。

「……済河（黄河下流の分流）はこれ兗州なり。九河すでに導かれ、雷・夏（沼沢の名）すでに沢となり、灉沮（溜り水）は会同す。桑土すでに蚕し、ここに（人びとは）丘を降りて宅せり」。

これは洪水がおさまって、台地に避難していた人びとが、低地に集落を作り出したさまをのべているが、それに先立ち、まずクワが茂りカイコが育ち始めたことに言及していることは注目に値する。

⑤ → → 若

⑥ → → → 桑

山東半島の中部、臨淄の町は斉の都のあった所である。この付近から発掘された瓦には、大きく茂ったクワの姿を描いたものが少なくない。字形⑤は若（しなやか―わかい）の原字で、女性がしなやかな髪をといているさまである。⑥叒（ニャク・ジャク）は若の字にきわめてよく似ており、クワの姿を描いた象形文字である。

若木とは、クワのことである。クワの葉は柔らかくつやつやしているので、のち若を「わかい」という意味に用いるようになった。『説文』は叒をクワの原字とみとめて、「日の始めて暘谷（ヨウコク）より生ずるとき、登る所の扶桑の木なり」と説いている。

さて、黄河デルタと山東のつけねにあたる地方では、きわめて古くから絹糸と絹織物とが重要な産物であった。『書経、禹貢』は、さきの文章に続けて、「その（兗（エン）州の）貢（みつぎもの）は漆（うるし）と絲（きぬいと）（今は糸と書く）なり。その篚（はこもの）は織文（もようおり）なり」とのべている。ウルシと絹とが、この地方の特産であったことを物語っている。また山東のことを当時青州といったが、「禹貢」では青州の「篚は檿（エン）絲なり」とのべている。檿絲とはたぶんヤママユの粗（あら）い糸のことであろう。

野生のカイコを改良して、家蚕としたのは、太古の中国人の長年にわたる苦心の結果であった。一般に葉を食べる幼虫は、卵からかえってしばらくたつと、四方に散っていくものである。しかしカイコは動けるようになっても一団にかたまって、クワを与えてくれるのを待っている。人間の飼育を待つ――という習慣は、何千年をへてはじめてカイコの身についてきた。

紀元前七世紀ごろ『詩経』には豳（ヒン）の人たちの暮らしをえがいて、

七月流火、
春日すなわち陽（あか）るく、
鳴く倉庚（うぐいす）あり。
女（むすめ）は懿筐（かご）を執（てにも）ち、
かの微行（ほそみち）に遵い、
ここに柔かき桑を求む。

とうたっている。この地は、今の陝西省中部、扶風県の北にあたる。当時桑つみは娘たちの女功（女の仕事）となっていた。養蚕がほぼ全土に広がっていたことがわかる。

戦国時代の『孟子』になると、

「五畝の宅、これに樹（う）うるに桑をもってすれば、五十なる者、もって帛（しろぎぬ）を衣（き）るべし」（「梁上」）

という有名な文句がある。孟子は山東鄒（すう）県の人で、そこでは家ごとにクワを栽培して養蚕をしていたさまが、絵のように浮かんでくる。さらに降（くだ）って、漢代の『礼記』となると、

「古は天子諸侯、必ず公桑・蚕室あり。川に近くこれを為（つく）る。……大昕（三月朔（さく）日（じつ））の朝に及ぶや……種（まゆ）を奉（ささ）げて川に浴せしめ、公桑より桑つみ、風もて戻（かわか）して

もってこれを食らわしむ」

とある。この文章はガの発生を刺激するヤロビ法（中国では催青（サイセイ）という）が行なわれたことを明示している。もっとも為政者が親しく養蚕を行なってみせるのは、天子の「親耕」（籍田という）になぞらえて起こった後世の風習であろう。

湖南省長沙の馬王堆（マアワンタイ）から紀元前百余年前の婦人の墓が見つかった。長沙の東八キロ、水田のただ中に人工で築いたとおぼしき丘がある。結核療養所を建てるつもりで土を削っていたところ、タテ穴式の大きな墓にぶつかった。その中には漢代長沙国の車馬家老、軑侯（タイコウ）利倉の夫人が、生けるがごとき姿で桃色の液体のつまった棺の中に眠っていた。その着用した綿入れの錦（にしき）、ふしぎな神話の絵をえがいた帛画（ハクガ）――それは二千年前に絹のあや織りが作られていたことをものがたっている。しかしその絹糸は、なお今日よりだいぶ細い。小型のカイコ、小さいマユからとったものであろう。

扶桑の信仰

クワは養蚕に必要な大切な木であったが、そのほかに、桑社（宋の土地の氏神）の「かたしろ」として祭られるほど、神聖視されていた。今日の日本でも、シメ縄で巻いた神木を見うけることがある。つまり古代の樹木信仰のなごりである。太古には神聖な木というものがあって、それが氏神のご神体にさえなっていたのだ。ところで、なぜクワをご神体としたかというと、周知のように、クワは生長力が強くて、そのみずみずしい葉は、摘んでも摘んでも衰えを見せず、続々と生えてくる。クワはつまり「若わかしい生長の力」を端的に表している。古人がクワを神聖視したのは、そのためにちがいない。

有若と不若　古代語では、わかわかしい活力を備えたのを「有若」といい、活力を失った亡霊や妖怪を「不若」といった。孔子の弟子、子貢のあざなを「有若」というのは、この吉祥のことばにあやかった命名である。

クワに対する深い愛着は、やがて山東において「扶桑」の木の信仰を生み出した。「扶桑」とは「博桑」とも書き、扶―博ともに「大きく広がる」との意味である。一種の接頭辞と考えてもよい。山東の斉人は、東海のはてに巨大なクワの木があると考えた。地上を巡る一〇個の太陽は、毎日東から西へと大空を渡り、地下を逆に戻って来てこのクワの木に宿る。一旬は一〇日であるから、一〇日の間に一〇個の太陽は、それぞれ地球を回って、その順番が振り出しに戻るわけである。太陽は赤々と燃えるのに永遠に衰えずに、その光輝を投げ続ける。つまり再生・再生をくり返すのである。そのふしぎな生命力を付与する象徴は、この巨大なクワの木→扶桑であった。

『山海経』に「湯谷（陽谷）の上に扶桑あり、十日の浴する所なり。黒歯（お歯ぐろをつける人の国）の北にありて水中に居る。大木あり、九日は下枝に居り、一日は上枝に居る」

「東南海の水、甘泉の間に、義和（羲和）の国あり。女子あり、義和という。帝俊（＝舜）の妻なり。これ十日を生み、常に甘泉に浴す」とある。扶桑は「大木」であり、大きなクワである。中国の東の海のかなたに、扶桑の国があり、そこから太陽が昇り出る――という伝説が生じてくる。

こうして東海の日本または琉球を、いつしか扶桑と結びつけ、「扶桑の国」と考えるようになった。倭国＝日本の存在が中国人に知られたのは、後漢の頃、おもには三国時代となってからであるから、日本を扶桑国に擬することは、そう古い考えではない。しかし地理的条件から言えば、それはごく自然であった。したがって聖徳太子が遣隋使をして、「日出ずる処の天子、書を日入る所の天子に致す」とのべさせても、「失敬な」とは思われたにせよ、とくに奇異な感じは与えなかったであろう。

八　紙と印刷

簡と冊

前漢の武帝は遠く中央アジアへの遠征路を開いて、その途中に点々と兵隊の屯所を設けたが、その一つ、甘粛省の居延（キョエン）の塞（とりで）の跡から、木や竹に記した文書が発見された。屯所の補給の記録や住民との取り引きのメモなどが、長さ三〇センチほどの薄い木片・竹片に墨で記入されている。この竹札を簡（カン）・簡札という。一枚ずつ間隔をおいて別々になっているからである。また、湖北省からは武帝より二百年前、秦の時代の地方官の墓中に保存された簡札が見つかった。それには「秦律」、つまり秦代の刑法の一部が記されている。書体は篆（テン）書というより、むしろ隷（レイ）書に近い。今日手紙のことを「書簡」というのは、そのなごりである。木簡や竹簡の上端と下端にひもを通して、なん枚も連結したのを冊（サク・サツ）という。冊の字は▯▯型の竹簡数枚を、一印の横ひもで連ねた形を示す。▯▯型のくいを立てて、それを一型の横棒で連ねると牧場の柵（サク）ができ上がる。大小の差こそあれ、冊（サク）と柵（サク）とは同じような形である。今日一冊二冊と数えるのは、むかしの冊という語のなごりであって、日本語の中ではサツとなまって発音される。

また簡をしばって冊を作るのに用いるひもを編(ヘン)といい、皮革で作ったひもならば韋編(イヘン)という。孔子が書物をなんどもくり返し読んだため、「韋編(イヘン)、三たび絶つ」と『史記』に記されているが、それは、このひもがすり切れたことである。

紙——廃物利用の草分け

紙という字は「糸＋音符氏」から成る。氏は薄く平らな刃の小刀かさじの象形で、匙(シ)(さじ)と同系である。大地の地(平らに伸びた地面)や、弛緩の弛(平らに伸びる)とも縁の近いことばである。舌を薄く伸ばして、さじですくうように食物を舌にのせるのを、舌＋氏→舐(シ)という字で書き表す。麻の繊維(センイ)やまわた糸を材料として、「平らに薄く伸ばした」ものだから、紙と称したのである。

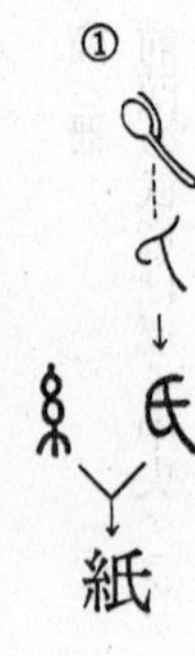

革命のあとに発見された紙の仲間に三種のものがある。一つは一九五七年に今の西安(昔の長安)東部を流れる灞(ハ)水のほとりから、工事中にみつかった「灞橋紙」——それは前漢武帝のころの墓の中で青銅の鏡の下に敷かれていた。材料は大麻・苧(チョ)麻で、

顕微鏡で見ると、繊維を切ったりたたいたりしたようすがない。ひと口にいうと雑な繊維のかさなりにすぎず、パルプ状にしてから延ばしたものではない。その二は、はるか西方の漢代のとりで、居延金関から出たもので、材料は麻糸くず・なわや布のくずなど。繊維を水につけてばらした痕(あと)がみてとれるが、繊維はおおむね同じ方向に並んでいて、じゅうぶんにまじり合っていない。前漢の末のもので、まず「紙のひながた」と称してよかろう。一九七九年に陝西省扶風県から見つかったのは、最大のもので七センチ角、前漢末の宣帝のころの穴蔵から発見された。これも質からいうと、居延紙と同じで、「切る」「舂(つ)く」などの手続きをへてはいるが、均質ではない。要するに前漢の紙は、「パルプ状にしてからのばし、型に入れ乾かした」ものではなく、とうてい書写に使えた代物(しろもの)とは思えない。

後漢のころ、民間で「赫蹏(カクテイ)」という素朴な紙が案出されたという。それは真綿(まわた)（きぬわた）を作る時にできる副産物であった。マユを湯にとおしたあと、川原に運んでトントンとたたく。すっかり柔らかくなったところですくい上げたのが絹わたである。ところが短い糸のかすがカイコの膠質と混合して、ネバネバとあとに残る。それをスノコの上に薄く伸ばして乾かすと、糸くずを原料とした一種の紙ができる。それが「赫蹏」（テイは横にのびるとの意、紙の上古の発音と同じ）であった。つまり後漢初めの紙は、真綿の副産物で、廃物利用の知恵の生み出したものであった。

ところが、紀元後二世紀、後漢の和帝のころ、蔡倫（サイリン）という有能な宦官（カンガン）が現れた。彼は「尚方令」という役目、つまり宮中工場の主任に抜てきされると、いろいろな技術革新に手をつけたが、ことに従来の紙に改良を加えようと考えた。そこで、使い古した絹のボロ切れ、漁網の廃品、それにアサとクワの皮の繊維をまぜて、ドロドロに煮たてたのち、すくい上げてスノコの上に伸ばし乾かす実験をくり返して、ついに「蔡侯紙」と呼ばれる改良された紙を作り出した。蔡倫はのち宮中のお家騒動にまき込まれて、毒を飲んで非業（ヒゴウ）の最期をとげた。気の毒な人であったが、その発明は後世にたいそうな影響を及ぼした。

念のため、『後漢書』を引用しておこう。

> 蔡倫、字（あざな）は敬仲、桂陽の人なり。……倫、才学あり、（中略）休沐（やすみ）に至るごとに、門を閉じ、賓（まろうど）を絶ち、体を田野に暴（さら）す。のち尚方令に加位せらる。永元（エイゲン）九年（紀元九七年）、監して秘剣と諸器械を作る。精工堅密ならざるものなく、後世の法となる。古（いにしえ）より書契（かきもの）は多く編するに竹簡をもってす。その縑（しろ）帛（ぎぬ）を用いしものは、これを紙という。縑は貴くして簡は重く、並びに人に便ならず。倫すなわち造意（かんがえ）あわせて樹膚（きのかわ）・麻頭（あさのはし）・敝布（ぼろぬの）・魚網を用いてもって紙となす。元興（ゲンコウ）元年（紀元一〇五年）これを奏上す。帝、その能を善しとし、これより従用せざるものなし。故に天下みな「蔡侯紙」と称す。（宦者列伝）

いま、湖南省耒陽県に彼の墓と、紙を洗ってこしたという池がある。

六朝時代に入ると、紙の原料にアサやワラの繊維をまぜ、さらにタケの繊維を主とするようになり、石灰で表面に光沢をつけることも考案された。これを「竹紙」といい、唐代以後近世にいたるまで、竹紙は代表的な中国の紙として広く利用せられた。中国では揚子江以北にはタケが育ちにくい。いきおい、揚子江以南の江西・浙江・安徽および福建が製紙業の本場として栄えた。宋・元の時代に、福建省が出版の中心地となったのは、福建山地にタケが多かったためである。

印と刷——上からおさえてサッとはく

印刷の技術は、西欧よりもはるかに早くから、アジアにおいて徐々に発達したものである。後漢の、蔡邕という学者が主となり、当時の太学（国立大学）の門前に『書経』『詩経』以下のいわゆる『五経』の全文を石碑に刻んで建てさせた。これは後漢の熹平四年（一七五年）にできたので、熹平石経と称される。当時の学問を志す連中が争ってこれを見に集まり、学習テキストの基本としたものであった。石経はその後も数回作りなおされた。とくに唐の文宗、開成二年（八三七年）には、九種の経書を石碑に刻んだ。唐代の石経の一部は今でも西安の陝西省博物館「碑林」の中に保存されている。それは四百数十基にものぼる。

石経の上に墨を塗り、大判の紙を当ててサッとなでると、簡単な拓本(タクホン)ができる。しかしこれでは、字体が原文と左右反対になってつごうが悪い。そこで本格的な拓本の技法が発見された。まず質のよい紙を石経の上に張り、少しく湿気を含ませて密着させる。次に柔らかいタンポをこしらえて、ポンポンと字の上をたたくと、凹んだ刻字の部分だけがわずかに下にめりこむ。全面にわたってじゅうぶんに字のくぼみにあたる紙面をめりこませたのち、こんどは大型のタンポに墨を含ませて、全面をサッサッと手早く刷(は)くのである。すると、凹んだ刻字の所だけが白く残り、地(ジ)の部分全面に墨がついて、今日見るような拓本ができ上がる。これが印刷の初期の技法であった。

印という字の左側は手の形、右はひざまずいた人間である。つまり印とは、人間を手でおさえつけて、下にひざまずかせた姿を示す会意文字で、「上から下へと↓型におさえる」という意味を含んでいる。だから抑圧の抑の字の右側は、この印の字の変形である。因は印と同系のことばで、四角いふとん□印の上に人間が乗って、敷ぶとんを上から下へおさえつけた姿である。だから敷き草やマット（しとね）を茵という。下に素地となる下地を置いて、その上に乗るのだから、原因の因（もの事のしたじ）という意味を派生したが、もとは印―因は同系のことばであった。

刷の左側は「尸＋巾」から成る。びろうなお話だが、便所に行って用を足せば、紙か布巾でサッとお尻をぬぐう。小刀のような竹べラで汚れをサッとぬぐい取る場合もあるので、右側に刀印を加えて刷という字が作られた。拓本を作るさいには、まずタンポで碑面をじゅうぶんに「上から下へとおさえ」て、字の部分を凹ませておき、それから「サッサッと表面を刷く」ようにして墨をつける。そこで「印刷」といったのである。

石経の小型がハンコである。簡単なハンコやお守札の類ならば、石材や象牙に刻んで朱肉の色をつけ、捺印すればよい。倭奴国王の金印や今日の印鑑はそのなごりで、これも上から下へグッとおさえつけて字形を印するのである。しかし大部の書物を石碑に刻むのは、たいそうなお金がかかる。そこで木版に字を彫りつけて、石版に代えるようになった。これを雕版といい、今日残る最古の雕版印刷は、じつは日本に保存されている。近ごろ東京都王子にある「紙の博物館」を見学して、私はほんとに驚いた。奈良時代のこと、称徳天皇が木製の「百万塔」を作って十大寺に分けたが（七七〇年ごろ）、その中に木版で刷った陀羅尼が収められた。長安からきた人が印刻したものであろうか。また僧の宗叡は八六五年、日本へ帰ったとき、「西川印子」、すなわち印刷された『広韻』五巻『玉篇』三十巻をもたらしたと伝えられる。それとほぼ同じころ、唐代、西暦八六八年に作られた『金剛経』の一部が、いまロンドンの博物館に保存されている。これは王玠という人が両親の供養のため、職人に作らせてお寺に納めたものだ。また、四川省の成都にある唐人の墓から、卞家の印刷した「陀羅尼呪」が見つかった。なかなか精巧なものだという。これからみると、唐代にはすでに木版印刷がかなり実用化されていたようで、唐の詩人白楽天の詩が、津々浦々の庶民に愛唱されたというのも、たぶん簡単な一枚ずりの印刷物となって市販されたからであろう。とくに一般社会で木版の活用されたのは、農民に利用される農暦の印刷物であった。唐の中ごろ以降、長安にはすでに何軒かの名ある印刷屋ができていた。つまり木版ずりが商売として成りたったのである。

五代（十世紀）は、木版印刷が本格的な書物の刊行にまで進出した時期である。中でも後唐の馮道という辣腕家で成金の宰相が、三十一年間にわたり、四川省で一三〇冊、九種の経書を印行したのは、画期的な大仕事であった。この印刷は校訂にも刻字にも、細心の手間とたいそうな費用とをかけたものである。五代をつぐ北宋・南宋は、旧式木版印刷の黄金期である。たとえば北宋の太宗は、紀元九七一年に成都の職人たちに命じて、『大蔵経』計五〇四八巻を印刷させた。その版木は十三万枚にも達したそうである。今でも「宋版」といえば、ただの一枚で何万円もする。好事家(こうずか)のよだれを流す逸品である。ことに福建省北部の建陽にあった余氏勤有堂というのは、唐代に創業し、南宋に栄えた老舗(しにせ)の出版社であった。そのほか建安の劉日省三桂堂、王氏の梅渓精舎……いずれも名の残る堂々たる出版社であった。私は最近敦煌(トンコウ)の博物館で、サンスクリットの陀羅尼を印刷したものを手に入れた。十三世紀に西夏がこの地方を支配したころのものである。木版印刷は早足で河西回廊にまで進出したことがわかる。

しかしこの木版印刷は、一枚ずつ別の版木を必要とし、流用がきかない。そこで宋代十一世紀の初めに、職人の畢昇(ヒッショウ)という男が活字を発明した。彼の作った活字は、粘土で作り、カマで素焼きにした陶製活字であって、それを鉄板の上に並べ、松ヤニで固定させるものであった。用済み後、熱を加えると松ヤニがとけて、活字がはずれる。近ごろ中国の学者が畢昇の方法を実演してみたところ、けっこう役に立ちそうであったという。この方法はどうも実用化されなかったらしいが、そのアイディアは元代の王禎(オウテイ)に引き継がれた。彼の方法は、木製活字を大量に用意し、それを回転式円盤の上に順序よく番号をつけて配列したものである。職人の一人が文字番号帳を手に持って、原文の文字の番号を引いて大声で知らせると、もう一人が文字盤を回して木活字を拾い、マス型の木枠の中に組み込んだ。活字の間に細い竹片をかませ、木のクサビを用いてすきまをうずめた。つまり今日の印刷組版のひな型が、十三世紀に、もはや登場していたのであった。

明代には、まず錫の活字が現れ、ついで銅の活字が作られて、しだいに木の活字にとって代わった。明代には『太平御覧』(宋の太宗時代に編集、一五二七年印行)、清代には『古今図書集成』(一七二五年)という、すばらしく大規模な叢書が刊行されたが、いずれも銅活字で印刷されたものである。朝鮮でも、朱子学の書物や大蔵経が印刷されたが、それも銅活字を使ったものだ。やがて、ご承知の『三国志』や『水滸伝』などの通俗読物もどしどし印刷されて、版元や書店は、今日のシリーズ物の企画さえ実施に移していた。ひとかどの企業として成りたっていたのである。また、十七世紀には、木版を発展させて、今日の版画を刷るやり方で、もよう箋(画箋)を作ることも流行した。今日の「水印画」は、その発達の頂点に位置するといってよい。ヨーロッパの活字印刷物は十五世紀中ごろのバイブルが最古のものであるということだから、中国のほうが数百年進んでいたわけである。

なお、『新唐書、日本伝』には「遣唐使真人興能が唐土にもたらした品のなかに、えもいわれぬ美しい紙があり、中国ではその製法を識るひとがいなかった」との旨がしるされている。むかしから日本人は、外来の品を改良することに長けていたといってよい。

九　はかり方の起源

単位を表すことば（量詞＝陪伴詞）

満三歳になる次男がやってきて、「お父さん、紙を一ぴきちょうだい」という。私はふき出して、「紙は一まい二まいというんだよ。お魚は一ぴき二ひきというけれどね」と言ってきかせたが、子供はふしぎそうな顔をしている。ああ、その次男はもう三十歳。この底稿を書いたのは、私が東大の助教授になったばかりの頃であった。その間、なんとさまざまな転変があったことだろう。しかし、文化科学の面で発掘された事実は、厳として動かない。いま筆を加えてふたたび世におくる。さて、「～ひき」「～まい」などいうのは、単位を表すことばで、中国では「量詞」というが、これはことばを習うものにとっては、なかなかの負担である。幼児の絵本を見ていると、動物や道具の絵をかいて、犬は「一ぴき」、鳥は「一わ」、鉛筆は「一ぽん」、俵は「一ぴょう」等々の、数え方の説明がほどこしてある。我々は母国語に慣れているから、さして苦痛とは思わないが、日本語を学ぶ外国人にとっては、幼児と同じように、そうとう厄介なものであるにちがいない。

それを如実に痛感するのは、我々が北京語を学ぶばあいである。あるものずきな学者が、北京語の量詞を数えてみたら、ほぼ二百ほどあったというから、その複雑さは日本語どころではない。だいたい今日の日本語の単位を表すことばは、「〜まい」「〜ひき」「〜ほん」など、概して漢語から輸入されたものなのである。これをたとえば英語などと比較してみられたい。英語においてはかような陪伴詞は、度量衡の単位を除けば、ほとんど見あたらない。

そこで言語学者は、この煩わしい量詞（陪伴詞）を用いることが、東亜の言語、ことに中国語の大きな特色であるといっている。さていまの北京語の量詞を、大ざっぱに分けてみると、次の四類となる。

(1)　度量衡の単位
(2)　その物の性状の枠による単位
(3)　手足の動作による単位
(4)　容器による単位

まず(1)の度量衡の単位というのは、どこの国の言語にもある。中国語で、尺、寸、分、斤……等というように、西洋でもポンド、フィート、キログラムなどを用いる。それで(1)に属する陪伴詞は、べつに珍しいものでもなく、それが中国語の特色だというわけでもない。しかし(2)(3)(4)は独特のものである。たとえば、いまの北京語では、紙、布、テーブルなど、平らな面をもつものは三張・四張といって数える。糸、縄、路、川など長いものは、一条・両条と数える。石、土、鉱物など、かたまりを成したものは、五塊・六塊と数える。同じ動物でも、犬や魚のように体の長いものは、四条・五条というし、牛のように頭の大きいものは、七頭といい、馬のようにお尻をたたいてみるものは八匹と数える。つまりその物の形状を、「長いもの」「平らなもの」等々の枠に分類し、「~条」とか、「~張」とかいう単位をつけるのである。これは実に珍しい習慣といわねばならない。この言語習慣の起源については、後に詳しくのべることにする。

次に(3)の手足の動作を単位とすることも、また独特の習慣である。たとえば、天秤(テンビン)棒でになう水などは、一挑、両挑と数える。米などは三担・四担と数える。手でにぎるワラや薪などに対しては、五把・六把という。両手でささげるナツメの実などは、一捧・両捧という。両手でかかえる綿などは、三抱・四抱と数える。さらに「一口飯」(口一ぱいの飯)などはもちろん、「一手血」(手いちめんの血)、「一肚子気」(腹いっぱいのかんしゃく)の類に至っても、必ずしも数える単位ではないにしても、やはりそれと関連が深い。したがってまた人間の動作の回数をかぞえるにあたっても、日本語ならせいぜい一度二度といい、英語ならonce, twiceというだけであるが、北京語では直接その動作にあずかった身体の部分を単位とする。ひとあしけるのを、「踢一脚」といい、ふたうちするのを、「打両拳」という。脚は「あし」であり、拳は「こぶし」である。また物の大きさを量るにも、人間の動作を単位としてはかることがある。

这樹有三抱粗。〔この木は三かかえの太さがある〕。
这煙桿有五把長。〔このキセルは、五にぎりの長さがある〕。
那縄子有十臂長。〔あの縄は、一〇ひじの長さがある〕。

これらの用法をみると、中国語には、人間の手足やその動作を、そのままかぞえる単位に用いる極めて多くの例があることに気づかれると思う。

さいごに(4)の容器の名を単位とするのも、これまた中国語の特色である。碗に入れれば一碗・両碗とかぞえ、「おけ」に入れると三桶・四桶といい、大皿にのせれば、五盆・六盆という。「かめ」に入れると七缸・八缸と数える。もっとも英語にも「a cup of tea」「a glass of water」といった言い方はある。しかしそれは極めて限られていて、何でもが単位になるわけではない。中国語にはかような言い方は幾十となくある。たしかにこれも独特の習慣といわねばならない。

我われが中国の文芸作品を翻訳する時に、痛切に感じる悩みの一つは、この夥(おびただ)しくある中国語の量詞を、乏しい日本語の陪伴詞に翻訳しようのないことである。日本語ならまだしも、英語に訳するとなると、全く途方にくれてしまうであろう。しかしこの煩わしい陪伴詞は、文学に生彩をあたえる表現上の技巧としては、欠くべからざるものなのである。それが巧みに運用されることによって、描写はいかにも絵画的となる。手のうごき、足の動作、目の運動までが、陪伴詞によってまざまざと表出される言語は、そうざらにあるものではない。

さて私はいま文学表現上の問題はさておいて、中国語の特徴といわれるこの無数の「かぞえる単位」が、なぜ今日かくも活発に用いられているのかを探究してみようと思う。これは語源論に課せられた一つの大きな問題であって、これを解明することができたなら、漢語そのものの秘密にまでも、メスを入れることができるかも知れないのである。

自然法と人為法

さきに分類した「かぞえる単位」のうち、(2)類、すなわち物の性状の枠を単位とするものについては、そのつど論及する。残りの(1)(3)(4)類のうち、(1)度量衡の単位というものは、世界各国どこの言語にもあって、ことさら問題にするにもあたるまいと述べておいた。そもそも原始的な生活においては、法定の物さしや「はかり」があるわけではない。もちろんどれだけの長さが何という単位、どれだけの重さが何という単位などと、人為的に公認されているわけでもない。したがって古代人は、ごく自然的なてっとりばやいはかり方をしたものである。たとえば歩測で距離をはかり、臂(ひじ)で長さをはかるなどということは、ヨーロッパでも行なわれたし、げんに「フィート」などという単位が、歩測から由来することは明らかであろう。

ところが一たん社会が組織化し、法治社会があらわれると、度量衡は社会的に公認せられ、法によって一定の規準が与えられる。それがないと、律令体制のもとで租税や調布をはかることができない。そうなるとはかり方は統一せられ、言語の上には、一定の度量衡の単位が、量詞となって登場する。もちろん田舎や山の中で、むかし風の生活がつづいている所では、依然として古来の自然的なはかり方が用いられるにちがいない。しかしヨーロッパの言語の量詞が、度量衡の単位だけに統一せられて、それ以外の単位がほとんど存在しないということは、いったいなにを物語るのであろうか。それは少なくとも「ことば」の世界においては、法治的なはかり方が、自然的なはかり方を駆逐し去ったと考えられはしないであろうか。

じつをいうと、尺・寸・升・合などをはじめ、中国語のすべての度量衡の単位は、その語源に遡(さかのぼ)れば、人間の手足の動作か、または物を入れる容器の名に由来するのである。言いかえれば、上古の時代には、(1)の「度量衡の単位」は存在せず、(3)の「手足の動作」、(4)の「容器の名まえ」による単位だけしか存在しなかったのである。これは人間の社会生活発達史からみて、ごくあたりまえのことと言わねばならない。幸いにして中国には、三千年にわたる資料が集積されているから、語源論はこの事実について、かなり正確な推断を下すことができる。それは人類の発達の歴史を跡づける上において、たしかに一つの収穫を与えるものといえよう。しかしそれだけではまだ物足りない。というのは、中国の歴史においても、手足や容器を用いるという原始的なはかり方の時代から、やがて法定の度量衡のきめられる時代に進む時が訪れたはずで、それは周の中ごろ紀元前七〜八世紀のころと考えられる。そして紀元前三世紀には秦の始皇帝が全国の度量衡を統一した。今日あちこちから発掘される「秦権」は重さの基準であり、「秦尺」は長さをはかるものさしである。

しかし中国では、ヨーロッパとちがって、度量衡の単位が設けられた一方では、依然として太古以来のはかり方が存続し、のみならずそれは言語の上に、厳然(ゲンゼン)たる地位を保って今日に及んでいる。〜把、〜挑、〜抱、〜捧、〜歩、〜口……等々、どれ一つとして、古来のはかり方の遺習でないものはない。中国の「ことば」の世界においては、法治的な単位が、自然的な単位を駆逐し去ることはできなかったのである。

十九世紀のヨーロッパの東洋学者は、ヨーロッパが人間の法によって造り上げられた文明をもつのに対して、中国は自然法に基づいた文明をもつといって感嘆したのである。自然法は漢人の生活をつらぬいたのみならず、また言語の世界においても、人為の法に屈しなかったのである。そのために今日の中国語には、度量衡の単位の外に、数百にのぼる量詞（陪伴詞）が、長年の歴史に堪えて生き残ることになった。それが今日の中国語の一大特色を成すということも、また当然の結果といえよう。語源論は進んでこの中国語の特色の由来についても、解決の鍵を与えなければならない。

わが国でもむかし矢作りの職人は、手で握って「いくにぎり」と矢の長さを計った。また田舎では、今でも縄をはかるのに、片手のおや指と臂（ひじ）とに縄をまきつけて、「いくひじ」といって計る。もっと珍しいのになると、人さし指をコの字形に曲げて、その背で長さをはかる習慣もあるという。ことに我々のよく見かけるのは、灸（キュウ）治療師が灸のつぼをさがすのに、脊骨（せぼね）のわきへ指二本（これを二寸という）とか、臍（ヘソ）の上へ指三本とかいって、指をあてがってはかることである。指や手は、自然に与えられた物さしであって、これではかることは、まさしく自然法に基づいたはかり方なのである。しかし日本ではこれらは稀有のことであって、ことに今日の標準語に、かようなはかり方を代表する量詞がいくつあるかといえば、それはもう寥々（リヨウリヨウ）たるものにすぎない。日本語においても、人為法による度量衡の単位は、ほとんど自然法による単位を駆逐してしまっているのである。

自然的なはかり方がまず存在して、人為的な度量衡は後に追加されたものである。中国語においては、ことに前者が中核であって、後者はほんのつけたりにすぎない。私はつぎに中国語の度量衡の単位の語源を、逐一さぐってみることによって、それがどのような自然的なはかり方から変化したものかを明らかにし、以上の所説をうらづけてみたいと思う。

長さ（度）のはかり方

『論語』の中に、「度量を謹しみ、法度をつまびらかにし、廃官をおさめ、逸民をあげたなら、四方の政治は行なわれよう」という文句がある。むろんこれは儒家の政治論であるから、道徳的な匂いがきわめてつよいが、古代人がいかに「はかり方」を重大視したかということが、これによっても知られると思う。ところが度量というものが、何によって起こったかということになると、むかしの学者は、いっぽんに古代の「聖人」から起こったと考えていた。たとえば前漢時代、つまり紀元前二〜三世紀の頃にできた儒家の逸話を集めた『大戴礼』という書物には、

「先王は指を布いて寸を知り、手を布いて尺を知り、肘をのべて尋を知った」

（王言篇）

という記事がある。また、三世紀の頃、後漢の劉熙の書いた『釈名』という書物には、

「禹の声は律となり、身は度となり、指を布いて尺を知り、肱をのべて尋を知った」

と述べている。禹は周知のとおり、古代の堯舜と並べて三人の聖天子の一人といわれ

る伝説的な人物である。禹や先王が度量衡を定めたというのは、もちろん古代崇拝の伝説から出た言い方で、今さら論議するにもあたらないが、大切なのはその「身体」や「身体の動作」によって、寸・尺・尋などという単位が生じたという記録である。「指を布いた」という「布」の字は、鋪道(ほどう)の「鋪」と同音であって、「ぴったりとあてがう」ことを意味する。したがって前記の記録は、指をあてがうと「寸」になり、手をあてがうと「尺」になり、(両方の)肘を伸ばすと「尋」になるというのである。さてどのように「あてがう」のか、どのように「伸ばす」のか、これからそれを検討してみようと思う。

ひとくちに度量衡というが、「度」とは長さ、「量」とはかさ、「衡」とはめかたである。漢代の歴史である『漢書』のなかに、「律暦志」という一篇があって、古代の天文暦法や、度量衡・算術・音律などのことを書きのこしている。その中では、ながさ(度)の単位は、きちんと十進法に整理されて、分→寸→尺→丈→引の単位に分けて配列してある。しかし上古にあった単位は、たんにこれら五種類だけではないし、しかも大体において、手や足などを基準にしてできたのが上古の単位であるから、その単位相互間の関係が、かならずしも十進法になるとは限らない。

まず後漢の許慎の書いた『説文』をひもといてみると、「人の手くびから、一寸さがった動脈のところを寸口という」と説いている。医者が脈をみる手首の動脈の所を、むかし「寸口」と称したことはこれでわかるが、この説明では、「寸」ということの原義はわからない。ところが前掲の『大戴礼』という書物には、「指を布いて寸を知った」と述べている。これは大切な記録で、つまり指一本をあてがったその幅が「寸」であるということがわかる。試みに手首の腕骨の下から指一本だけさがってみると、まさしくドキドキと波うつ動脈の所に当たるであろう。だいたい「寸」という字は、昔はヲ\の下に短い線を引いた形となっている。それは明らかに手首と指一本とを表した文字なのである。

次に「尺」とは何であろうか。尺についての『説文』の説明は、なんら解決の鍵をあたえてくれないから、「律暦志」をみてみよう。そこには、「尺とは蒦(カク)である」と簡単な説明がある。いま収穫とか、獲取とかいえば、おや指と他の四本の指とをひらいて、「つかみとる」ことである。「尺」と「蒦」とに、虫へんをつけて、「蚇蠖」と書けば、周知のとおり「尺とりむし」のことになる。これは重大な暗示ではないか。というのは、「尺とりむし」というその名が示すとおり、体を屈伸して進むあの青虫のさまは、人間がおや指と他の四指とを左右にひらいて、手で長さをはかっていく姿に、瓜(うり)二つなのである。そこで「尺」という字が、まさしくこの人間の手のはかり方の姿をうつした象形文字であることがわかる。それでこそ『大戴礼』に、「手を布いて尺を知った」と述べている意味が明らかとなろう。ところで、十本の指を並べた幅が、

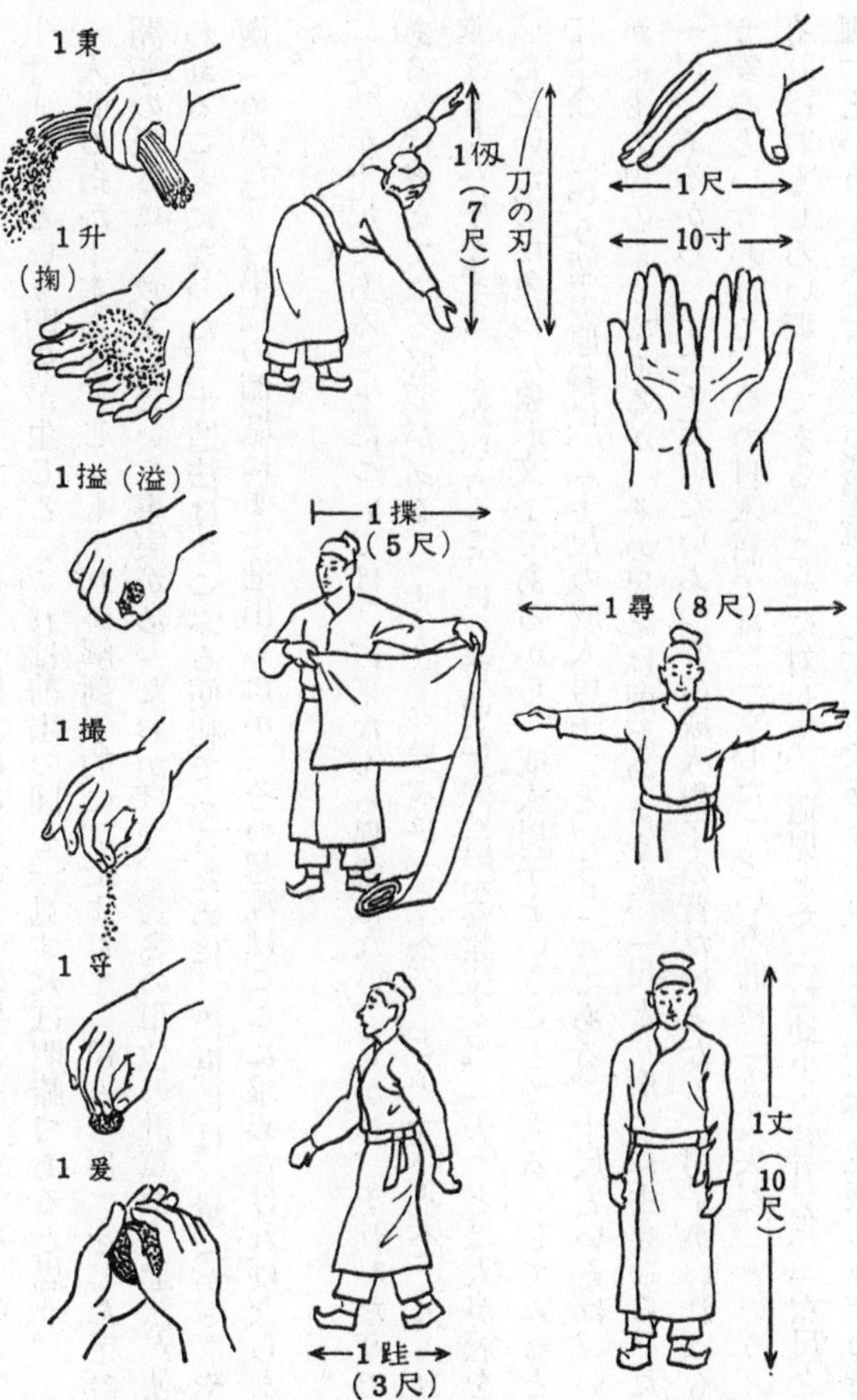
1秉
1升
（掬）
1溢（溢）
1撮
1守
1爰
1仞
（7尺）
刀の刃
1尺
10寸
1揲
（5尺）
1尋（8尺）
1跬
（3尺）
1丈
（10尺）

ちょうどうまいぐあいに、この「尺とり形」にひらいた手の長さに一致する。そこで十寸＝一尺という関係が生じる。これは前出の図を一見すれば明瞭であると思う。

人間の指が十本あり、しかもそれが解剖学的に、たまたま「尺とり形」をした手の開きの長さに一致するという事実があったおかげで、長さの単位の計算に十進法が使われることになった。十進法はすこぶる便利であるために、後世には、量（かさ）や衡（めかた）の単位の領域にまで進出したが、その起源はここに求めなければならない。

「丈」が十尺であることについては、古来なんら異説はない。しかし、それがなぜであるかは考えてみる必要がある。「丈夫」といえば「偉丈夫」とか「大丈夫」（もとは堂々とした成人男子）とかいうように、背のたかい男を意味する。「夫」とは人が冠をいただいた形に象（かたど）った象形文字であるから、成人男子ということである。してみると、「丈夫」という語の原義は、「十尺の成人男子」ということである。十尺といえば、いかにも大男のようであるが、その尺とは前記のように、「尺とり形」に手をひらいた一尺であるから、十尺でだいたいふつうの成人男子の背たけとなる。男子がいればもう安心というわけで、今の日本語では、「安心だ」という時に「大丈夫だ」という。それはおもしろい転義である。これに対して、遺児となった幼少の若君を、「六尺之孤」という。「尺とり形」を単位とした六尺であるから、まず十二、三歳の少年の背たけにあたるはずである。

霧がかかったり、闇夜であったりして、僅かの先も見えないことを、「咫尺を弁ぜず」という。「咫」とは何であろうか。『説文』には、「ふつうの婦人の手の幅は八寸で、これを咫という」と説いている。また漢代の学者の討論をあつめた『白虎通』という書物にも、「婦人は概ね手の幅が八寸であるから、周代には八寸を咫とした」と記している。これによると、男の指十本を単位としたのが「尺」であり、女の指十本を単位としたのが、「咫」であって、それは男の指八本すなわち八寸にあたるということになる。しかし男女のちがいを考えない別の一説もある。それはむかしおや指を別にして、他の四本だけの幅で長さをはかる習慣もあったから、このはかり方によれば、左右両手をそろえて指八本、すなわち八寸になる。それを単位として、「咫」と名づけたというのである。どちらの説によっても、咫が八寸（＝指八本）の幅にあたる長さであることはまちがいない。

戦前には、普通教育をうける学校を尋常小学校といった。「尋常」ということばは、「ふつう」という意味に用いられている。しかし海の深さをはかるのに、十尋（ひろ）、二十尋（ひろ）というのは周知の通りで、「尋」も「常」も、元来は長さの単位であった。それがごくありふれた長さであるところから、「ふつう」という意味に転化したにすぎない。ところで、「尋」や「常」は、いったいどんな長さの単位であっただろうか。

『説文』をみると、「人の両臂(ひじ)をはかれば尋となる。八尺である」と述べている。また前述した『大戴礼』にも、「肱(うで)をのべて尋を知った」といっている。いま左右の両手を水平に伸ばして、指さきから他方の指さきまでの長さを、「尺とり形」をなした手尺ではかっていくと、ちょうど八尺になる。いまでも長い壁の長さを計るには、このようなやり方を用いることがある。また大木や塔のまわりをはかるのも同様である。今の北京語で、「三抱粗」（三かかえの太さ）とか、「五囲大」（五かかえの大きさ）とかいうのがそれである。「尋」という字を仔細に考えてみると、上部のヨというのは、手の形⺕の変わったものであり、下部の寸というのも、前述のように手の形⺕から来ている。すなわち二つの手が含まれている。真中に、工と口とがあるが、左という字は、ψと工の組合せであり、右という字は、⺕と口との組合せである。してみると「尋」という字は、じつは「左」と「右」の組合せからできている。まさしく左右の両手ということである。そこで「尋」が八尺であることはまったく疑う余地がない。

二尋が一常であることは、古来の定説である。したがって一常は十六尺にあたる。「尋」や「常」というのは、溝や路(みち)や家屋の幅などをはかるごくありふれた長さであって、古代にはきっと頻繁に用いられたものにちがいない。

深い谷のことを「千仭(ジン)の谷」という。「仭」とはどんな長さの単位であろうか。許慎は、「仞とは八尺である」というが、同じ後漢の学者でも、鄭玄などは七尺であるという。私自身は、じつは七尺が妥当だと思う。というのは、むかし水平の長さをはかるのには、「尋」や「常」を用いたが、深さ高さをはかるのには「仞」を用いた。『説文』では、「臂を伸ばした一尋の長さを仞という。八尺である」と説いているが、同じ臂を伸ばすにしても、「尋」と「仞」とはちがう。水平の長さをはかるには、ただ左右の手を伸ばせばよいが、垂直線をはかるには、上体を横に曲げなければならない。姿勢にむりがあるから、左右の両手はまっすぐの線を成さず、いわば曲線を成してゆるい弧をえがく。そこで手の先から先までは八尺とはならず、せいぜい七尺どまりとなるのである。では、それをなぜ「仞」というかといえば、前図のように弧線とその弦の間に刀の形ができて、弧線は刀の背に、弦が刀の刃にあたる。はかろうとする長さが、まさしくその刃にあたる直線の長さとなるからである。

次に布をはかるのに、一匹（日本では一疋とも書く）とか一反とかいう。これはどこから出たものであろうか。だいたい身体全体を移動させて、長いものをはかっていくには、「尋」や「常」を用いたのであるが、布をはかるには、自分のからだはじっと停っていながら、手だけをくりかえし動かす。呉服屋さんが反物をはかるには、左手をのばして布の一端をもち、右手で布のふちをしごいて、胸の前まで引っぱるという動作をくりかえす。日本語ではこの一しごきに対する名称はないが、中国ではこれを「一度」「二度」……という。むかしはかような動作を揲（ジョウ）といった。くり返しつみかさねてたたむ動作を「揲」という。「枼」という音符は、同じようにつみかさなるうすいものを意味する。「葉」はその一例であるし、「牒」は木片であるし、「蝶」はうすい羽をかさねる虫であり、「碟」は薄くぺらぺらしたおさらである。それに手へんをつけて、平らにたたむ動作をあらわしたのが、「揲」という字である。『周易』の「繫辞伝」に、「四つずつ揲する」といっているが、それは占師が筮竹（ゼイチク）をもって、四本ずつ並べて片手に片づけていくあの動作をさすのである。反物をしごいて、一枚、二枚とたたんでいく動作がまさにこれと同じである。ところで『説文』にはまた、「匹とは四丈であり、八揲が一匹にあたる」とも述べている。これから逆算すると、一揲＝五尺、二揲＝一丈、二丈＝一端、二端＝一匹（すなわち四丈）となる。さて試みに、呉服屋がするように、布をしごいてその一しごきの長さを「尺とり形」の手尺で計ってみられたい。まさしく五尺となるであろう。「揲」とは元来かようなはかり方の動作を意味する語であったが、それが長さの単位となった。そして一揲がたまたま五尺であって、一丈（十尺）の半分にあたるために、布のはかり方はしぜんと二進法になった。二揲が一丈、二丈が一端（この「端」をわが国では「反」と書いてタンと読ませている）、二端が一匹（この「匹」をわが国では「疋」ともかく）となる。中国では今日でも二丈が一端である。「匹」の古代文字をみると、外側のわくは布のたれた形であり、中の八の字は二本の曲線が並んだ形になっている。まさに二端の長い布がたれているという意味を表した会意文字なのである。

揲*/tep/という語は、また畳*/tep/とか帖/tep/とかいう漢字で標記されることもある。いずれもうすくペラペラした物、またその物をたたむという動作を意味するのであって、語源は一つである。このうち「帖」は、重ねてたたんだ紙をはかる単位として用いられる。このばあいも二進法の痕跡(こんせき)が残っていて、ふつうは今でも二〇枚が一帖である。

距離のはかり方

長さをはかるには、手のほかにまた足を用いる。今日でも野外の測量には歩測をつかう。孟子の中に、「五十歩を以て百歩を笑う」というたとえ話があるし、いまの北京語でも、「十歩」、「二十歩」といって長さをはかる単位としている。これはむかしからの歩測の遺習である。さて「止」という字は、上古には∀とかき、明らかに足のうらの象形文字である。後には足へんをつけて「趾」(あし、あしの地をふむ部分)と書くが、元来は「止」だけで足のことを表した。ところで「歩」という字は、古くは、歨とかいた。つまり「止」という字と、逆にした「止」の字との組合せで、左右の足をあらわしたのである。そこで『説文』には、「歩とは左右の趾(あし)があい従うこと」と説いている。してみると「歩」とは、左足をふみ出し、さらに右足をふみ出す二挙動のことである。これに対し、左か右だけをふみ出すのを、跬（ケイ）といった。漢の孔鮒（コウフ）という学者の遺（のこ）した『小爾雅（ショウジガ）』という書物には、「跬とは一挙足のこと。跬の倍を歩という」と記してある。さてこのひとまたをなぜ「跬」というのであろうか。元来「圭」というのは、⌂形をした玉器をえがいた象形文字である。したがってこの音符を含んだ字には、すべて先端が三角になっているという意味がある。たとえば、「閨」とは、小さな三角窓のことで、娘の部屋や寝室には小さな三角窓だけをあけるから、「ねや」の意味にかわってくる。「厓」とは三角にきり立ったがけである。「奎」とは股（また）の間である。「恚」とは心を三角にとがらせて怒ることである。「窪」とは三角にくぼんだ地である。してみると「跬」というのは、片足をふみ出したとき、両足の股の開き方が三角形になるところから起こった名であることがわかる。これで「歩」と「跬」の意味が明らかとなったから、次に試みにひとあしの長さを、「尺とり形」の手尺で計ってみると、まさしく三尺になり、ふたあしをはかってみると、六尺になる。そこで古代の兵法を書いた『司馬法』という本に、「およそ人の一挙足を跬といい、跬は三尺である。二挙足を歩といい、歩は六尺である」と説いているのが、なるほどとうなずける。「跬」が三尺、「歩」が六尺であるために、歩測を基にする里程や、田畑のはかり方には、しぜんに三進法または六進法が介入することになった。明治・大正の時代までわが国で、六〇間を一町、三六町を一里といい、田一畝は三〇坪などといったのは、その名残りである。

「里」とは三百歩を一辺とする正方形の畑地である。『大戴礼』の「王言篇」には、「三百歩で一里、千歩で一井となる」といい、また『春秋穀梁伝』には、「昔は三百歩を一里といい、それを井田と名づけた。井田とは九百畝である」とのべている。中国は昔から平原が多いから、その真中を開墾していくのは、日本のような山国とは多少おもむきがちがう。すなわちまず荒野の真中に「土中」といって、ある標点を選定する。その点を中心にして、東西南北に一〇歩ずつはかる。そうすると次ページのように、正方形の区画ができあがる。それが「田」という字の原義なのである。そしてその四隅に「圭」の形をした木標（「圭」とは∩型）を建てる。

時には圭木の代わりに石をおくこともある。標識の木と木、石と石とをつなぐとあぜ道ができる。それを畦または略という（各とはこつんとつかえる石である）。かようにして開墾された畑地は、しぜん正方形をなすから、それを「井田」と称した。井とは方形に区切られた畑地の形をかたどった文字である。むかし「井田制」といって、平等に農民に土地を与える周の制度があったように、儒家の伝説ではつたえているが、その真偽はともかくとして、古代の開墾地がしぜんに方形を成してひろがったことは、確実である。さて前記の古文献の説に従って、三〇〇歩平方＝九〇〇畝とすると、一

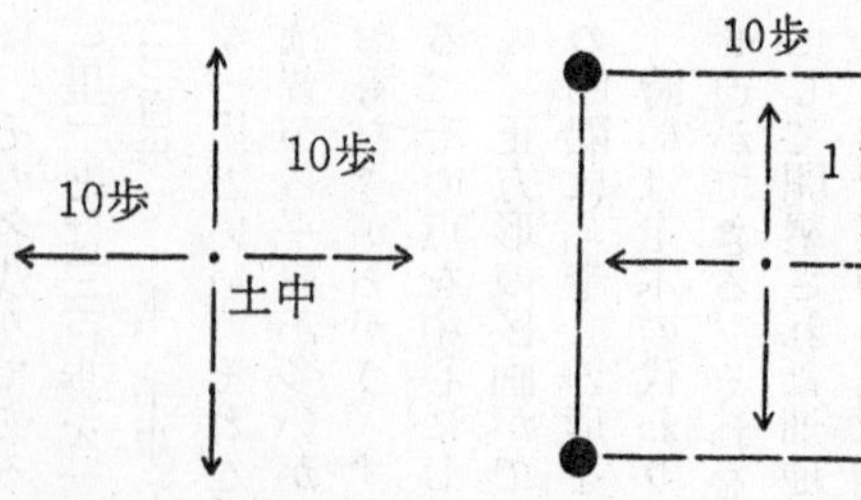

○歩平方（六〇尺平方）＝一畝となる。ところで「畝」という字の古い字形をみると、畮と書いてある。即ち「田」と「十」と「久」の組合せである。この「久」というのは、「人」が後足で支えながら背をまるくかがめて前進していく形をかたどったものであるから、歩測するようすを表すとみてよい（なお、年をへて背がかがんだのを故久＝故旧という）。してみると、歩測で一〇歩の長さを一辺とした田地という意味を表したのが、「畝」の字であることがわかる。

かように、寸、尺、丈、尋、歩……等々およそ長さをはかる幾多の単位は、すべて手か足を用いて物にあてがい、或いは手足を用いて物をはかる動作そのものの呼び名を用いて、単位としたのであることは、全く疑う余地もないと思う。つまり今日の北京語に残る「一把」「一捧」「一抱」「一挑」など、人間の動作の名を単位とする言い方は、実は古代のかような習慣の名残りなのである。古代には、指をあて、手をあて、或いは足をあてる等々、さまざまなはかり方があって、その一々がやがて単位名として固定し、後に度量衡の単位として用いられるようになったものといってよい。それにつけても、注意を促しておきたいのは、「忖」(はかる)、「度」(はかる)、「称」(はかる)、揣(はかる)などの字が、すべてどこかに「手」に関する字形を含んでいることである。例えば「忖」の「寸」は前記の如く⺕(手)を含み、「度」の「又」は明らかに⺕(手)である。『説文』には、「高さを度るのを揣という」とのべている。また「稱(称)」の「爫」というのはじつは「爪」(上からつかむこと。今の北京語の抓にあたる)のことである。「称」とは黍の束の真中を上からつかんで、左右平均するようにぶらさげてはかるというのが原義であり、そこから「はかる」という意味が生じたのであった。

尺寸の実際の長さ

さて、私の手でもって「尺とり虫」のように屈伸させながら長さを計ってみると、手尺の一尺は約二三センチ(したがって一寸は二・三センチ)となる。春秋戦国時代の貨幣には、円いもの、凸型のもの(農具のスキの形)、小刀状のものなど、いろいろの形がある。わが友、考古学者の関野雄さんは、かつてこれらの貨幣の直径や一辺の長さが、何かを基準としたものにちがいない——との仮説を立てた。そして各種貨幣の共通項を求めてみると、二・二五センチという数値が出てきた。これが当時の一寸であろう。してみると当時の一尺＝二二・五センチとなる。私の手尺は標準より心もち長い。

右の数値をもとにして古代のさまざまな単位を概算してみよう。

一寸＝二・二五センチ

一尺＝二二・五センチ

一尋＝一八〇センチ

一歩＝一三五センチ

一畝＝一〇〇歩四方＝一三・五メートル四方＝約一・八アール

一里＝三〇〇歩＝四〇五メートル

方百里＝四〇・五キロ四方

古典の中に「千里を遠しとせずして来たる」（『孟子』）とあるのは「四百キロの道のりをものともせず」ということである。また、自作農家の家をとりまく畑地を「五畝之宅」（『孟子』）とのべているが、これなら九アールにあたる。これも実情に近い姿として目に浮かんでくる。

清朝の乾隆のころ、前後漢の中間に作られた円形のマスが北京の宮中に収納されて、故宮博物院に残った。それは十斗、十升などをはかるマスであるが、そこに寸法が刻してある。前漢のすえ、王莽（オウモウ）という怪物が政権を手中に収めた。この野心家に信用された劉歆（リュウキン）が度量衡を定めるためにこのマスを作ったので、そこに記された寸法を「王（オウ）

莽（モウ）尺」または「劉歆（リュウキン）尺」という。今から六十年前、劉復という学者が測定した結果、劉歆尺の一尺＝二三・四センチであると考証した。それは私の手尺の幅とまさに同じである。

隋の開皇十年（紀元五九〇年）に万宝常が作った「律呂（リツリョ）水尺」というのが清朝内府に保存されていた。劉復氏の測定によると、それは二七・三八センチであった。唐代のモノサシは六つも日本の正倉院に保存されており、その長さは二九センチ〜三〇・四センチの間である。これが唐代の標準一尺であろう。その後、近世に至るまで、わずか二センチほど尺が伸びただけであった。してみると、一尺の長さの伸びが最もひどかったのは、三国六朝の時代である——といってよい。

かさ（量）のはかり方

量の単位の中には、身体を使ってはかる動作に由来するものと、容器の名に由来するものとがまじっている。今日の北京語に、「一杯」、「一碗」、「一盆」など、容器を量詞とするものと、「一口」「一把」の如く、身体の部分やその動作の名を量詞とするものとが併存するのは、古来の習俗の名残りであると考えられよう。

『漢書』の「律暦志」をみると、「かさ」の単位もまた十進法に整理せられて、「龠（ヤク）、合、升、斗、斛（コク）」と五段階の単位が並んでいる。しかしむかしの単位はもちろんこれだけではなかった。

まず古代人にとっては、「アワ」や「キビ」など、当時の主食となる穀物をはかるというのが、「かさ」をはかる第一の目的であった。もっとも穀物は、めかたではかることもできる。今日わが国でも、米をはかるのにキログラムを用いるかと思うと、家庭では升や合のマスを用いたりするように、中国でも「一擔（担）米」といえば重さの単位とも量の単位ともなる。さて今日、万→億→兆の上の単位を「秭《シ》」という。

『説文』には、「五稯《ソウ》を秭《シ》という。二秭を秅《ト》という。……周礼には、四秉《ヘイ》＝筥《キョ》、一〇筥＝稯《ソウ》、一〇稯《ソウ》＝秅《ト》とある。四〇〇秉が一秅である」と述べている。これを整理すると、

秉《ヘイ》＝一筥《キョ》　一〇筥（四〇秉）＝一稯《ソウ》
五稯《ソウ》（二〇〇秉）＝一秭、二秭（一〇稯・四〇〇秉）＝一秅

となる、これらの単位には、すべて「禾へん」がついており、その基本となるのが、「秉」であることは、一見して明らかである。ところで「禾」の古代文字は、〓という形で、穀物の穂がたれ下がった形であって、まだ脱穀してない。今日農夫が刈りとった稲を、そのまま日に乾す時のあの状態である。次に「秉」とは、禾と〓との組合せで、〓とは手をさし出した形であるから、「秉」とは茎のついた穂を、手でつかんだ姿をあらわすわけである。してみると、「一秉」とはまさしく今日の北京語の「一把稲草」（ひとたばのわら）にあたる。これは脱穀してない作物をはかるのであるから、

明らかに「かさ」の単位だとはいえず、むしろ重さのはかり方に近い。しかし、それかといって純粋にめかたをはかるわけでもない。要するに茎つきの穂をそのままではかる素朴なはかり方なのである。「称」（旧字体は稱）の字の表す意味は、これにくらべると重さのはかり方に近い。前記のとおり「称」とは禾のたばを上からぶらさげて、重さをみることだからである。その外、「科」（はかる）、「程」（はかる）などのように、後に計量の意味に用いられた多くの字に、「禾へん」がついていることは、穀物をはかることが、古代人の生活の大きな関心事であったことを表すものだと思う。

しかし「秉」というのは、じつは極めて粗雑なはかり方である。やはり脱穀したあとで、その実だけの量をはかるのが本筋であると思う。次にそのことを述べてみよう。まず「かさ」をはかるのを「量」というが、この字の上部にある「日」の形は、実は古代文字の字形を調べてみると、「良」の形になっている。「良」とは[illegible]の形が原形である。それは、穀物のつぶが、さらさらと流れるように動くさまである。してみると、きれいな穀粒、またはそれをさらさらと垂らしてはかることを、むかしliangと言ったにちがいない。したがってそれに「米へん」をつけると、「粮」すなわち、粮食を表すことになり、同時に「良」の代わりに「量」と「米へん」を組み合わせると、「糧」となり、やはり食糧を意味する字となる。粮＝糧であることから考えると、良＝量ということがうなずけるはずである。アワ・キビ・コウリャンなどがきれいなよい穀物であるという点から、「良」にはやがて「よい」という意味が派生し、穀物をはかるという点から、「量」liangには一般に「かさ」をはかるという意味が生じてきた。

次にこの穀物をはかった器とは、その形が「豆」に似たものにちがいない。「豆」とは後世の「たかつき」の原形となったひさご型に台のついた食物を盛る器であるが、むかし穀物をはかった器も、恐らくその外形が「豆」に似た丸い器であったと思う。そして使わないときはたてに立てて置いたのであろう。「豆」と「斗」とは同音であって、後世の「斗」とは、大ビョウタンをふたつにわって、それに柄をつけたような形の「ます」である。現に今日でも中国の田舎では、これに似た木製の器を、「ます」として用いている。上古には量る器を「豆」といい、「後世」には形がかわったので、「斗」と書くようになっただけで、「量る器」という語源からみれば、「豆」も「斗」も同じである。『周礼』という古典の中に「梓人(シジン)」という官が「ます」を作る方法をのべているが、そこに「勺は一升、爵は一升、觚(コ)は三升である……故に爵でいちど、觚で三ど注げば、豆となる」とある。一升と三升×三とをあわせると、一〇升(＝一豆)となるというのである。後漢の鄭玄がこれに註をつけて、「豆は斗という字の誤である」とのべている。なるほど後漢時代の字の使い方としては、「斗」とかくべきであろうが、じつは語源からいうと、「豆」と「斗」は同源であり、「字の誤」というのは言いすぎであろう。『春秋左氏伝』には、「斉の国には、むかし四種の量（かさのはかり方）があった。豆・區（区）・釜・鍾がそれで、四升＝一豆であり、以下それぞれ四を単位として釜まですすむのであった」とのべている（昭公四年の条）。したがって「豆」というのは、昔からあるかさのはかり方の名で、むしろ「斗」という字が後世の書き方なのである。ちなみに近世には、木で作った正方形（上がせまく下が広い）のマスに柄をつけたものを「斛斗（コクト）」というが、それは原初の形ではない。斛については次にのべる。

要するに「斗」の語源は「豆」であって、穀物を入れてはかった容器のことである。これに関連して、「斛」のことも考えておく必要がある。日本では一コク、二コクとはかり、「石」という字をあてるが、「斗」の上に位する単位は、実は「斛」と書くのが正しい。「斛」はその字からわかるように、角型の斗である。斗は元来丸い容器であるが、「斛」は四角形の容器であって、恐らく丸型の「斗」よりずっと後に使用されるようになったものと思われる。いずれにせよ、「斗」も「斛」も、容器の名から単位の名に転用されたものなのである。漢代には斛＝一〇升であったが、近世には五升となった。一〇升マスは大きすぎて使いにくいためであろう。

次に「合」とは何であろうか。『説文』には、「合とは△と口との組合せである」とのべている。△とは三方からふさがった形であるから、「合」とは口をふさぐことであろう。「合」の上古音は*/ɦəp/（hの濁音）*/gəp/であって、ガブとふさぐことを表す擬声語であるにちがいない。現代の北京語で、「一口飯、両口飯」というはかり方があるのは、その名残りであって、むかしは人の口にいっぱいの量を、「一合」といったのである。かように量の単位にも、たしかに人間の動作に由来するものがある。「升」という単位もまた人間の動作に由来する。『説文』の序文に、「升」という字は、漢代にできた俗字で、「十」と「人」とを組み合わせたものだと述べているから、この字体からして論議するのは、語源を探るうえには無意味である。そこで「升」の字の古典における用法と、その語音から検討してみよう。『周易』の中では、「のぼる」というばあいに常に「升」とかき、『春秋左氏伝』では「登」と書いている。いまでも官位がのぼるばあいには、昇任とか陞任とかいうが、「昇」や「陞」はいずれも「升」を音符とする形声文字である。してみると「升」とは明らかに、「上にのぼる」とか「上げる」とかいう意味の語なのである。また「升」と同音の字に、「勝」という字がある。「勝」の字に含まれた「龹」という部分は𠬞の形をふくみ、両手でささえあげることを表している。そこで「悲しみに勝（た）えない」というような使い方も生じてくる。両手でささえあげて、精いっぱいこらえているのが「勝」であるから、「たえる」という意味をもつし、あくまでこらえ切ると目的を達するから、「勝つ」という意味にもなる。「勝」が両手で支えあげることを意味するように、「升」もまた両手で支えあげるというのが原義であり、「あげる」、「のぼる」という意味は、そこから派生したのである。してみると、物のかさを計るばあいにも、両手で支えあげる動作をしたにちがいない。つまり「一升」とは、穀物を両手にいっぱい盛ってささえあげた量なのであろう。今日の北京語でも、「一捧棗子」（両手いっぱいにささげたなつめ）といういい方があるが、その量詞「捧」が、まさに古代の「升」に該当するのである。

「升」は両手一杯の量であるが、手でかさをはかるという動作に由来する単位は、もちろん「升」だけではない。『春秋左氏伝』の中に、河中に溺（おぼ）れた戦士たちが、助かろうとして、舟べりに手をかける、船上の人はその指を切りすてるという血なまぐさい描写をした一節があるが、そこに「舟中の指は掬（キク）することができるほどであった」（宣公十五年）といっている。切られた指がゴロゴロところがっていて、すくいあげられるほどであったというのである。「掬」の字は古くは「匊」と書いた。ところで「匊」について、『説文』では、「手に在るのを匊という。勹（つつむ）と米との組合せである」と説いている。外がわの勹は手の中に何かを包んだ形であるから、元来は穀物（米）を片手に一ぱいすくいのせたことである。つまり片手一ぱいが「匊」であり、両手一ぱいが「升」である。かさの単位が、手の動作に由来することを述べている文献として、漢の孔鮒（コウフ）の『小爾雅』は、なかなかおもしろい。そこには「片手に盛ったのを溢（イツ）、両手に盛ったのを掬（キク）、四掬を豆、四豆を區（ク）、四區を釜（フ）という」とのべている。「豆」とは前述の通り、後世の「斗」の前身をなす古代の量器の名に由来するものであり、「區」とは四角い器という意味をもつから、まさしく前述の「斛」と同類のマスである。

ところでここにあらたに「溢」という単位が見えるが、それは何であろうか。『儀(ギ)礼(ライ)』の「喪服伝」という書の中に、「朝は一溢の米、夕も一溢の米」という一節があり、王粛という学者の註では、「手いっぱいを溢という」とあって、前掲の孔鮒の説と同じである。しかし私は「手いっぱい」といっても、「一掬」と「一溢」とでは、はかり方がちがうと思う。『説文』をみると、「扼・把・握」等はすべて「にぎる」という意味であると説かれている。しかるに一方、「搤」と「扼」とは、古典において同様に用いられるから、「一溢」というのは、「一搤」すなわち今でいえば「一把」(上からひとつかみ)のことにちがいない。これに対して、「一掬」というのは、手のひらに一ぱいだけ下からすくいあげて盛った量であるから、「一溢」とは量り方がちがうのである。なお孔鮒が、「両手に盛ったのを掬という」とのべているのは片手の誤であろう。

ごく微量の単位に撮(サツ)というのがある。十進法式に整理された後世のいい方では、一勺の$\frac{1}{10}$を一撮という。「撮」とは『説文』に「三本の指でつまむこと」とあるのが正しい。おや指、ひとさし指、中指の三本をあわせて粟をつまんでも、ごく僅かしかつまめない。この「つまむ」動作を表す語が、のちに「かさ」の単位名となったのである。

さいごに、勺（シャク）についても一言しておく。『説文』には、「くみとる道具」と説いている。これによると、前記の「匊」と関係がありそうであるが、ただ古代文字の形をみると、「匊」の外がわの形は、明らかに手につつんだ形を示しているのに、「勺」の外がわは物を入れる容器の形をしている。したがって「勺」とはむかしから汲（く）みとる容器であったにちがいなく、やはり容器の名を単位名に転用したものと思われる。「杓」とは「ひしゃく」のことであり、「酌」とは酒をくみ出す用具であることから逆にさかのぼると、勺（シャク）はϚ型のヒシャクで一じるしの液体をくむようすを表した字であると考えてよい。

ちなみに量の単位は、本来は十進法ではなかったと思われる。というのは、片手一杯か両手一杯かというのが基本のはかり方となるとすると、そこに当然二進法が介入するからである。前記の『小爾雅』によると、二溢＝一掬、四掬＝一豆、四豆（斗）＝一區（斛）、四區＝一釜となっていて、二または二の倍数たる四のひらきで、各々の単位が配列せられている。また前掲の『春秋左氏伝』の記事でも、斉の国の量の単位は、四進法であったことがわかる。これがむしろ本来の姿に近いものであろう。

衡（めかた）の単位

『荀子』の「礼論篇」には、「衡がきちんとかかっていたなら、軽重（めかた）でもって人を欺くことはできない」との意味をのべた文章がある。「衡」とは「かけるもの」であり、つまりよこにするハカリの棒なのである。そこで『漢書、律暦志』には、「衡とは平である」と説明している。いま「平衡を保つ」などという語を用いるのは、それに由来する。今日では、棒を片手でつりさげてはかるいわゆる「棒バカリ」がふつうに用いられ、下から支柱で支える天秤は、薬屋のほかにはめったに用いない。しかしどのようなハカリにせよ、必ず水平にかける棒は欠くことができない。その棒を「衡」というのである。

古代にも支柱式のハカリではかるのと、上からつり下げてはかるのと両式があったにちがいない。前者が「両」である。『説文』には、「両」とは一と㒳の組合せで、「㒳とは平分すること」と説いている。この字の形からみると、明らかに真中に支柱があり、両側に平均に物をぶらさげた天秤の象形である。

これに対し、稱（称）の字はいまでも「重さをはかる」という意味に用いられるが、その右側の「爯」とは、上に「爪」という字があり（北京語の抓にあたる）、下部は左右平均してたれ下がった形を表しているから、明らかに上から手でつかんでぶらさげ、左右平均するようにしてはかることを表している。「称」とは本来は禾の束をぶらさげて、はかることにちがいないが、この様式が発達すれば後世の「棒ばかり」となってくる。したがって天秤の原型が「両」の字に代表され、棒バカリの原型は、「称」の字に代表されると言ってよい。「称」は左右平均するようにしてはかることであるから、「つりあう」とか「対称」とかいう意味を派生する。また、もちあげることから、口でもちあげる→称讃する、という意味をも派生した。

めかたをはかるには、つねに左右均分する必要があるから、しぜん等分法すなわち$\frac{1}{2}$の計算がつきまとうことになる。また等分法を整数計算で考えると、倍進法ということにもなる。『漢書』の「律暦志」では、長さと量の単位が、きちんと十進法に整理されているのに、めかたの単位だけは、いちおう銖、両、斤、鈞、石の五種にまとめられただけで、けっして十進法にはなっていない。二四銖＝一両、一六両＝一斤など、さまざまである。ことに一六両＝一斤というのは、今日の中国でもそのままであるし、日本でも戦前まではなお一六〇匁＝一斤という奇妙な数え方をしていた。いったいこの一六という数は何であろうか。それは倍数法による計算の結果といわねばならない。すなわち、

1×2＝2，　2×2＝4，　4×2＝8，　8×2＝16

であって、二を乗じていくと、しぜんに一六という数が生じてくるのである。のみならず古くから一般にこのような均分式の計算の習慣があったことは、中国の数詞にさ

えもあらわれている。「八」という字は、明らかに左右にわけるということを表しており、*/puat/というその音は、半*/pu-an/、班*/puan/、分*/puən/などと同じ語源に属する。「八」はふたつに分けられる数であるから*/puat/という。また「四」という字の字形については、色々な説があるが、やはりまんなかに「八」が入っているのは、ふたつにわけることを示すにちがいない。それは別としても、*/sier/というその語音は、ばらばらに分かれてこすれ合うことを意味する。「撕」とは「ふたつにさく」こと、「斯」とはばらばらに分かれ立つこと、「嘶」とは、こすれてきしみあうような音を出すことである。「四」はふたつに分けられる数であるから、*/sier/といったのである。かように数詞のなかに、すでに均分法の痕跡がみられた。めかたの単位が、その性質上、しぜん均分法又は倍進法によって並べられるようになったのは、ごく自然のことと言わねばならない。

めかたの単位には、「銖」とか「銭」などもあった。侏儒（シュジュ）の「侏」は小つぶの人間、すなわち「こびと」を意味し、蜘蛛（くも）の「蛛」は小つぶの虫を意味する。「銖」の原義は、小つぶの金属である。また「戔」を音符とする字は、すべてうすくて小さいという意味をもつ。「盞」は小さい皿、「浅」は少ない水、「賤」は少ない財貨、「綫」はほそい糸である。従って「銭」とは小さい金属である。古代の「金」とは今の銅のことであるから、「銖」とは小さい銅塊、「銭」とは小さい銅板のことであった。

中国古代の貨幣（戦国時代）

刀　銭　　刀　銭　　布足銭　　環法銭

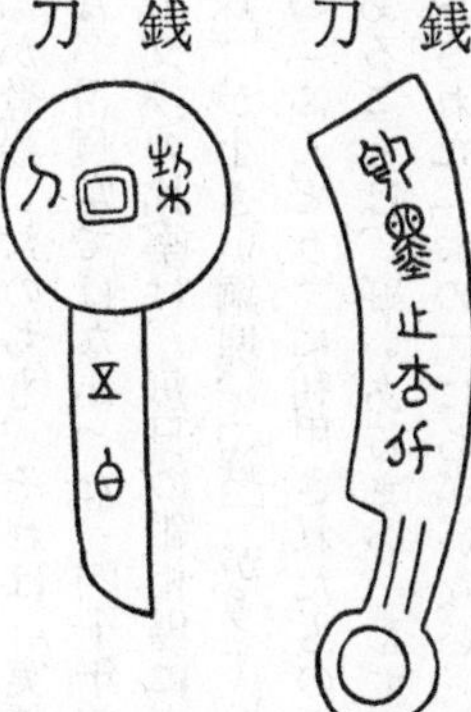

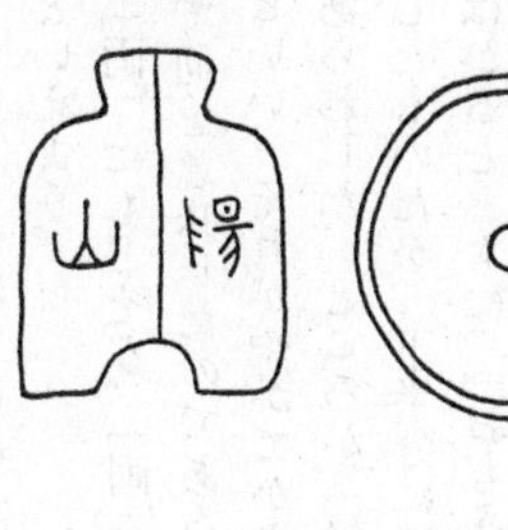

「銭」とは後世には、貨幣の代表の如くになってしまったが、元来は「ぜに」のことではない。だいたい中国で貨幣がさかんに鋳造され始めたのは、戦国時代、つまり紀元前四世紀の頃である。いびつな四角形をしたのは楚の貨幣、刀形をしたのは斉の貨幣、農具をまねたのが「布足銭」といわれる凸型の貨幣、環の形をまねた「穴あき銭」は秦の貨幣である。晋国の「布足銭」は、草かりの農器として用いたうすい刃の形をしている。「銭」とは元来、うすい銅板でできた除草具であったのが、のちにそれを模した形の「ぜに」ができ、一転して後にはまるで貨幣の総称のようになってしまった。戦国以前に、銅を交易に用いたとしても、それは後世に金塊や銀錠を用いるのと同様、銅そのものを交換品にあてたわけで、貨幣が存在したのではない。なお、

貨幣が登場したのちも、それは「実質」で取り引きの中だちをしたもので、今日のような名目貨幣ではなかった。四十年前私が中国に留学していたころにも、銀貨と銅銭との交換の比率は、毎日の銀相場に応じて上下したものである。「銖」が小さい銅塊、「銭」がうすい銅板であったとすると、それらはもともとはかりの「ふんどう」に利用されたものと考えられる。次に「斤」が丁字形のおの(斧)であることは、疑いあるまい。してみると、「斤」の原義もまた「ふんどう」として利用された「おの」にちがいない。してみると、「斤・銭・銖」などのめかたの単位は、じつはハカリで物をはかる時、その「おもし」として用いる道具の名前に由来するものといえよう。

話を「両」にもどそう。「両」の字形は明らかに天秤であるが、*/liang/という語は果して何を意味したのであろうか。前記の如く、むかし穀物をはかることを*/liang/といい、それがやがてかさ一般をはかる意味となって、「量」という字でそれを書きあらわした。ところが「量」という字をよくにらんでみると、上半分は良の字の変形したものだが、下半分には明らかに重という字が含まれている。「量」は「かさ」をはかるとともに、「おもさ」をはかることも表しているのである。いっぽう、めかたは天秤ではかるから、「両」という字でそれを書き表した。してみると「両」と「量」とは、字体がちがうが、じつは同一の語源に由来するのである。*/liang/のいちばんもとの意味は、「天秤で穀物のおもさをはかる」という動作そのものをさしたにちがいない。してみると、「両」というめかたの単位は、じつは「めかたをはかる」という人間の動作が、単位の名に転用されたものなのである。北京語においても、一挑米（ひとにないの米）、両担米（ふたにないの米）などのように、「になう」という動作そのものを表す語を量詞に用いるのであるが、それは古代に*/liang/を単位名にしたのとよく似た現象なのである。なお天秤ではかるには、ふたつに平分せねばならない。そこから「両」に、「ふたつ」という意味が派生したことは、いうまでもあるまい。

手を用いる方法として、「寽」および「爰」というはかり方にもふれておこう。これは天秤その他のはかり方を用いないで、手ではかる素朴な方法である。「寽」というのは、青銅器の銘文に時々でてくる字であって、たとえば、「王は金百寽を賜わった」（禽簋（キンキ）と呼ばれる青銅器の銘文）などと書いてある。「寽」のことを「鋝」とも書く。『説文』には、「鋝とは鍰である」と述べている。そこでこの「鍰」という字の用例をさがしてみると、『書経』の中に、周の穆王の命をうけて呂侯が作ったといわれる「呂刑」という一篇があり、そのなかに、「墨（いれずみ）の辟（つみ）になった者でも、罪状の疑わしいものは赦（ゆる）し、罰として百鍰を科する」という文句がある。また『周礼』の「考工記」に、治氏という官が器物を造る作り方を述べて、「その重さは三鋝である」といっているが、後漢の鄭玄は、「鋝」と「鍰」とは同じものだと考えて、次の如く述べている。「今山東の東萊（トウライ）では、この単位を環ともいい、その重さは6⅔両にあたる。鋝と鍰とは同じであると思う」と。以上の資料を綜合すると、寽＝鋝＝鍰＝環ということになる。

　しかしこの四者は全く同じだとは思われない。というのは、寽、鋝は上古音*/lat・liat/であるのにたいし、鍰・環は上古音*/ɦuan/であって、とうてい同一の語であったとは思われないからである。さて『説文』をみると、「寽」とは「五本の指でとること」とあり、五指をそろえてつかみとる動作である。「寽」の字の上部の、「爪」というのは、手をうつぶせにする形であり、下の「寸」も手を意味するから、ちょうど我々が稲の穂から実をむしりとる時に、右手の指をそろえてむしりとり、左手でそれをうけとる、あの動作をさすのである。これに対して、「爰」とは何を意味するかといえば、上部にはやはり「爪」（うつぶせた手）があり、下部には「又」（うわむけた手）があって、間にものをはさんでいる。まさしく我々が握り飯をにぎる時に、左手を下に右手を上にして、飯を丸めるあの動作である。ふたつの手を用いる点では、なるほど「寽」に似ているが、手の動かし方は全くちがう。これを環*/ɦuan/というのは、両手を合わせて握った形が、まさに円形をなすからであり、いわば、その意味は今日の北京語の「〜塊」に近い。「爰」はまた甲の手と乙の手の間に物をはさんでそっとにぎるということも表すから、その点から、たすけづなを投げ与えて他人の手をひいてやる、すなわち、「援」という意味をも派生する。しかし本来は同一人が左右の手を合わせてそっとにぎるという動作を示すものと思う。これに「鋝」や「鍰」の如く、金へんのつくのは、おそらく古代人が青銅器や陶器を鋳造するばあい、鉱砂や陶土を「ひとつかみ」「ひとにぎり」と数えるところから由来したもので、それが後に、金属の重さをはかる単位となったものだと考えられる。かように考えると、この二種のめかたの単位も、人間のはかる動作から出たものだということが判ろう。

長さ、かさ、めかたの単位は、その語源に遡ると、じつは人間の手足を動かしてはかる動作、またははかるのに用いた容器や道具の名に由来することが明らかとなった。今日の北京語に、数百に上る量詞の存在するのも、このような古代の中国人のはかり方の習慣が、そのまま生活の中にも言語の中にもその姿をとどめて、今でも手足で扱う動作や、物を入れる容器の名を、量詞(陪伴詞)として利用するからにほかならない。

言語はおそろしく保守的なものである。今日では何の意味もない男性・女性・中性などの区別が、西洋の言語にがんとして残っているのをみても、我々はその感を深くする。じつに言語とは、数千年の民族の歴史を物語る縮図であるといえるだろう。

さいごに、前漢の末のじっさいの度量衡を、現存するさまざまな器物について測定してみるとほぼ次のようになる。

一尺＝約二三センチ

一升＝約二デシリットル

一斤＝約二五〇グラム

これが中国の雑誌「文物」（一九七五年十二月号）にのった結論である。

Ⅳ　社会と思想

一　陰と陽――周易の論理

北方の風土と陰陽

西方の黄土台地からさらに西にいけば、大空の下に、はてしない砂と小石の大地がひろがるだけだ。その間でヒツジを交配させて生活する遊牧民の心には、いつしか「天と地」「オスとメス」という簡単なパターンが焼きついてくる。天やオスは陽性、地やメスは陰性。そして天〜地が交流すれば雷雨となり、オス〜メスが交配すれば子が生まれる。『周易』はこの簡単明白な原点から生まれたのだ。それをのちにはむずかしく表現して、

「剛柔あい摩し、八卦あいうつ。これを鼓するに雷霆をもってし、これを潤おすに雨雪をもってす。かくて日月は運行し、寒あればまた暑あり。乾道（陽性）は男となり、坤道（陰性）は女となる」（『周易、繫辞伝』）

などというのだが、その原理はじつにドライで簡単なことだ。そして陽性を━印で、陰性を╍印で表し、自然と人生の変化を、陽と陰の組み合わせで象徴しようというのである。それは西方の周人のドライでかつ理屈っぽい性格に適したやり方であった。

陰陽三本なら八種の組み合わせ（八卦）ができるし、六本合わせると六十四の組み合わせ（六十四卦）ができる。周の中ごろ以降の史官や占い師は、この六十四卦を用いたらしい。

月、満つれば欠く

華中の陳の国で内乱が起こり、王子の陳完が斉に逃げてきた。有名な政治家、斉の桓公のころであった。そのいきさつを『春秋左氏伝』という書には、次のように記している。

「陳完がまだ幼いころ、周王朝の占い師がやってきて卦をたてた。まず筮竹を両手に分けて数え、奇数が残れば陽の印一本をおき、偶数が残れば陰の印一本をおく。三回＋三回とくり返して、次の卦が出た。

☴（陰が下、陽が上。これは低い地の上に軽い風が舞いあがる姿）

☷（陰ばかり。それは低い大地の姿）」

さて占い師はこれをどう解釈したのだろうか。『周易』の本文は、周代の占い師のメモを整理したものである。そこには、右の六本を合わせて「これを観の卦という。国の光を観するし、王の客分となるに利し」と書いてある。占い師はそれを読みながら言った。「風が地上から舞いあがる。出世する前兆でござる。ただし風は他所に移りいくものゆえ、王子は他国の客分となって、母国の光を輝かすものとお見うけ申す」(『春秋左氏伝、荘公二十二年』)。その予言のとおり、陳氏はやがて斉の家老となり、五代あとには斉国を奪って田氏斉国(陳氏=田氏)をたてた。この国は、秦・漢の交代するころまで残った。

その習いが庶民の間にもくだって、漢代には広く占いの主流となった。漢の武帝のころ、司馬季主という市井の占い師がいたそうだ。彼は『周易』の心を庶民むきにくだいて、「日、中すれば必ず移り、月、満つれば必ず欠く」と教えた。世の中に静止するものはない。陰と陽とのせり合いで、片方が下から他方を押しのけて変化するのだから、満ち足りたとて驕るなよ、つまずいたとて悲しむな――と教えたのだ。だがこの先生、たんなる保身の術を講じたのではなかった。

彼は大道にムシロを広げ、大衆をじろりと見まわして言った。

「いまのいわゆる賢者とは、王法をまげて農民のふところを猟り、官をもって威となし、法をもって機となす。これ白刃を操りて民を却かすに異ならず」

「それにくらべると、占い師は庶民の万般の相談に応じて、しかもその謝礼はじつに安いものじゃ。家には蓄えもなく、移転するにも、車に積むほどの財産がない。たとえ易占いが当たらずとも、その日のかてを奪われるほどのことには至るまい。だがお偉い役人は、企画、進言して粗忽があったが最後、首がとんでしまいまするぞ」（『史記』日者列伝』）

群衆のうしろに立ってこの話を聞いていた二人の高官がいた。賈誼（カギ）と宋忠とである。二人は思わずぞっとして首をなでたそうだ。のち賈誼は梁の懐王の守り役となったが、王が落馬した責任をとって、わずか三十三の若さで自殺し、宋忠は匈奴（キョウド）に使いして、途中から引き返したかどで処刑された。占いの本旨とは、きびしいものではないか。

人道は不変か

陰性と陽性とがシノギを削り、「剛と柔とがあい摩する」から、月は満ちれば必ず欠け、暖かい日の輝く昼があれば、冷たい月の傾く夜が来る。大寒（タイカン）のころは陰気のきわまる節で、この上なく寒いものだが、いつしか立春がおとずれて「一陽来復」ということになる。陽気が表に出て陰気が退くにつれて、いつしか夏となる。こうして変転はいつまでも続くものである。しかし、日月そのものは不変であり、春夏秋冬の四季というものも、何万年たっても変わらない。前漢の儒家、董仲舒（トウチュウジョ）はこの点をとらえて、「天道は変わらず、人道もまた変わらず」と説いた。じつはその奥には別の下心が秘められていた。

董仲舒の考えた「人道」とは何だろうか。上には天子がいまし、下には万民がひしめいている。その間に官僚が介在して、上の命令を下達し、下から取り立てた租税を上納する。支配者も地主も、その特権を持ち続けたいがゆえに、社会の秩序――つまり「人道」も不変であってほしいと心から望んでいた。そしてこの秩序を保つための道徳を「五常（＝仁義礼智信）」と名づけた。

旧時代の支配者は、このような考えをテコとして、政権を長続きさせようとつとめてきた。十九世紀のすえ譚嗣同は、そのカラクリを暴露してこう叫んだ。

「かつての中国の帝王は、すべて秦の始皇帝の亜流であり、いわば大盗である。かつての中国の学者どもは、その大盗にこびへつらった子分である。その両者があい結びあい助けて、人民はついに奈落の底につきおとされた」（『仁学』）

およそ、人間が生きているかぎり、人の世は、矛盾の克服から、また矛盾の克服へ、という手さぐりの連続である。それがない世界は、死んだ世界にほかならない。一九四九年の四月、旧都南京を解放したとき、毛沢東は、唐の詩人李賀の一句をとって、

天もし情あらば、天もまた老いなん
人間（ひとの世）の正道は、これ滄桑！

と歌った。

かつての桑田、変じて今は滄海となる。それを「桑滄」という。そのような変化前進こそ「人間の正道」だというのである。毛沢東は、日中戦争のさなかに、陝西省延安の洞穴の中で『矛盾論』を書きあらわした。この書はまさに「天道不変、人道不

変」という思想をくつがえしたのであった。

二　老子の嘆き

かげの人――老子

周の景王のころ、つまり紀元前六世紀の後半のことであった。函谷関（カンコクカン）の関守（せきもり）をしていた尹喜（インキ）が、ふと谷間のかげから近づいてくる一台の牛車に目をとめた。樹木はおろか、草の芽さえもまれな早春の午後であった。

「おう。そなたは周の蔵書係をしておられた老子さまではないか。周が衰えて春秋争乱の世となったが、おぬしも流浪（ルロウ）の身となられたか」

麻布のぼろにくるまった老人は、うとうとと眠っている。

「もうし。そなたは老子さまこと、陳（チン）の国の李耳どのではござらぬか」

老人は細目をあけて、ものうげに関所をながめ、それから尹喜に顔をむけて、かすかにうなずいた。

「ならば、しばしここに留（とど）まりなされ。われら後学のため、お説を書き残してくだされ」

「話すこととて、何もないわ。やがて身もことばもくちはてて、天地自然のなかに帰するまでよ」

「とはいえ、この青牛（くろ牛）も疲れはててござる。折りたく柴にて手足を暖められよ。青牛にも、水とかいばを進ぜよう」

というわけで、老子はわびしい関守の部屋で数日を過ごすこととなった。その間、なんとはなしに物語ったことば五千言、それを尹喜が書きとめたのが『老子道徳経』だという。

不足を損じて、有余に捧ぐ

老子の生まれた陳の国は、洛陽の南にある小国で、北の多くの強国と南の楚（ソ）との間にはさまれ、いくたびか戦火にあらされたすえ、やがて楚の属領となった。この地で動乱の世を見つめていた老子にとって、わがもの顔に郷土をふみにじる強者の横暴が、まず、むしょうに腹だたしい。次には、生きのびるための弱者の知恵と、しぶといレジスタンスの根性とを育てねばならぬと考えはじめる。最後には、力と利とを奪いあう「競争社会」そのものが、いかにもバカげたものに見えてくる。そして人間の本当のユートピアとは、強権の支配しない、小さな郷村自治の世界であるはずだ、と思いあたるのであった。

「天の道は、余りあるものはこれを損じて、足らざるものには、これを与う。されど人の世はしからず。足らざる者を損じて、もって余りある者に奉（＝捧、ささ）ぐるなり」（『老子』）

天は公平にバランスを保つものだが、人間の社会は逆に、貧者をしぼりあげて、富める者にみついでいる。このアンバランスはどこから来るのだろうか。

「民の飢うるゆえんは、その上にたつ者の税を食らうこと多きをもってなり……。民の死を賭けて法を犯すは、その上にたつ者の求生の厚きこと（ぜいたく）をもってなり」

人間はもと赤子のように素朴なものだ。ところが権力を取った者が、ありとあらゆる法を設けて人民を取り締まる。ぜいたくにふけろうとして、取れるだけ人民からしぼろうとする。その網の目をくぐって生きようとすれば、いきおい人民のがわでも悪知恵を働かせざるをえない。こうして人間は日一日と、素朴さを失っていくのだ。

得がたき貨は盗みのもと

こうした悪循環のすえに、悪知恵で勝負する「競争社会」が出現した。だが、赤や黄の広告やネオンが、四六時ちゅうきらめいているようでは、人間の視覚はマヒするだろう。ひねもすモダンジャズを聞かされたら、聴覚もマヒするだろう。これでもか、これでもかと、ニューモードや宝石を見せつけられては、つい盗みもしたくなるだろ

う。老子は言う、

「馳騁（チテイ）田猟（早馬と狩り）は、人の心をして発狂せしむ。得がたき貨（たから）は、人をして妨（禁じられた行為、盗みなど）を行なわしむ」と。

競争社会の生みだすさまざまな誘惑と刺激とは、ついに人間を「発狂」させるだろう――と老子は鋭く予言したのであった。

いまから二千六百年前、古代文明の熟しきった時に、「反文明」のノロシをあげたのが老子であった。その状況は、なんと今日によく似ていることだろう。競争にあせるがゆえに、幼稚園から詰めこみ教育が行なわれ、勝たんがためには金権選挙がまかりとおる。土と海に生きる素朴な日本人は、もはや数少ないありさまとなった。

語り終った夜、老子の夢に「桃の花さく里」がほんのりと現れた。林の間に点々と人家がけむり、ニワトリやイヌの声がものうげに流れてくる。清い小川、そよと吹く風……。

翌朝は肌さす早春の西風が、関所の窓をふるわせていた。みはるかす丘また丘は、黄塵（コウジン）におおわれている。

「めんどうをかけたわい。おさらばじゃ」

青牛のひく牛車は、カタコトと車をきしらせながら、天と地のけじめも見えぬ黄塵のかなたへと、消えていった。

「その終るところを知るものなし」（『史記、老荘申韓列伝』）と司馬遷は述べている。ひと口に言えば、『老子』は農村に生きる草の根びとの根性である。

小国寡民の桃源境

国（生活圏）は小さく、人は寡ないのがよい。大国と過大な人口は無用である。今日残る『老子』の書の末尾には、彼の理想郷がのべられている。

「小国・寡民・什伯（十人、百人ていどの共同体）有らしむ。（よき）器あれども用いず。民をして、死を重んじて（いのちを大切にして）遠く徙らざらしむ。舟輿（乗り物）有りといえども、これに乗ることなく、甲兵有りといえども、これを陳ぶる所なし。民をして結縄（文字ではなく、結びめを約束のしるしとした太古の習い）に復りてこれを用いしむ。その食を甘しとし、その服を美しとし、その居に安んじ、その俗を楽しましむ。隣国あい望み、鶏狗の声あい聞こえ、民は老死に至るまで、あい往来せず」

今日のことばでいえば、軍備と車を拒否し、くたびれもうけのレジャーを受けつけず、情報のはんらんに耳をかさない——ということであろう。のち、晋の陶潜（陶淵明）は、『桃花源記』を書いて、じっさいに湖南省の山奥にあったという、理想の里を尋ねた人の話を描いてみせた。この詩人の「帰去来の辞」の末に、彼はまた次のように歌っている。

「已んぬるかな、形を宇内に寓むること　復幾時ぞ！
曷ぞ心に委ね　去留に任せざる、
胡為れぞ遑遑として　何に之かんとするや！
富貴は　吾が願いに非ず、
帝郷は　期すべからず。
良き辰を懐いてもって孤往き、
或いは杖を植てて耘耔す。
東の皐に登りてもって舒嘯し、
清流に臨みてもって詩を賦す。
聊よ　化に乗じてもって尽くるに帰せん、
夫の天命を楽しみて　復奚をか疑らわん」

これは老子の人生観をみごとに代弁したものであろう。

三　国を窃めば侯となる――荘子

尾を泥中にひく

戦国時代の末、弁に自信のある孟子が斉の宣王をおとずれて、戦争好きなこの王様を、古めかしい理想をもち出して、とっちめていた。ちょうどそのころ、強国の間にはさまれた華中の宋の地では、荘子こと荘周が、川べりで釣糸をたれていた。

宋はもと、殷の遺民を集めてできた小国である。もうこのころは一国の態をなさず、南の大国、楚の属領となっていた。だが、それでも宋人の魂の奥には、かつての栄光をしのぶ屈曲した自負心がくすぶっていた。たしかにウルシ細工や銅器にせよ、食べ物や織物にせよ、宋人の知恵はひときわすぐれていたらしい。それに宋の地には、殷以来の祭礼や作法も残っているし、文字を書ける者も多い。征服者としてやってきた周の人たちや、無骨な周囲の諸国には負けない何かがある。「亡国の民」として周囲からバカにされるほど、こちらでは成り上がり者の栄華を見くだしたくなる。その宋の地のウルシ園の番人として、冷ややかに世の盛衰を見すえていた反骨の男、それが荘周であった。

そこへ楚の威王がはるばる使いをよこした。

使者「わが国内のことにて、そこもとを煩わしたい、との王様のおことばでござる。いかがじゃ、荘周どの」

荘周は釣り竿（ざお）の先を見つめて動かない。

荘周「楚の国には、みごとな神亀の甲らがあるとか。死後すでに三千年、箱に収めて廟（みたまや）に保存されているそうじゃな。おぬしに伺いたいが、この神亀は後世に骨を留めて貴ばれたかったか、それとも泥中（デイチュウ）に尾をひいて遊んでいたかったか」

使者「うーむ」

荘周「わしも泥中に尾をひいておりたいわ」（『荘子』、秋水篇）

使者はすごすごと引きあげたそうである。

栄華は夢か

荘周にとっては、世の栄華はひと時の虚構にすぎない。自然という大きなルツボの中から、あらゆる生物は、偶然にある形をなしてこの世に現れ、またルツボの中に戻っていくのだ。とすると、人間も虫けらも雑草も、等しくまにあわせの存在、かりそめの形にすぎないだろう。

「大冶（治金の親方）が金属を鋳るとき、一部の金属が踊り出て、『わしは名剣となるぞ』と言いはったなら、親方は必ず不祥の金だとして捨てさるだろう。自然のルツボの中から、『わしは人間になるぞ、万物の霊長となるぞ』と叫んで、人の形をした塊が踊り出たなら、造物者（自然のぬし）は必ず不祥の人だとしてつぶしてしまうだろう」（『荘子、大宗師篇』）

「造物者」ということばも、荘子の発案したものだ。意識的につくるのを「作」というが、無造作にでっちあげるのを「造」という。自然は意図して人間様を作ったのではない。だから人間だけが偉そうに地上に横行してよいはずがない。山を削り林を根こそぎにして、「これが人間の文明」だ、などと誇れる道理はない。ましてや特定の人間が、その他大勢を支配して横行する権利が、どこにあろうか。そこから荘周の権力に対する攻撃は熱を帯びてくる。

泥棒にも仁義

斉の豪族の田氏が、殿様家を倒して政権を奪った（紀元前四八一年）。荘子はその話を例としてこうのべている。

「むかし、斉の国は、隣邑あい望み、鶏犬の声あい聞こえて平和であった。宗廟と社稷（国つかみ）を立て、町村を治めるには、聖人のさだめに法ってきた。ところが田成子が斉の君を殺してその国を盗むと、その国のみならず、いわゆる聖知の法をもあわせて盗んだ。されぱこそ、小国もこれを非とせず、大国もこれを誅せず、十二世にわたって斉国を保っている」

「国を盗む」というのはわかるが、「聖知の法を盗む」とは、なんのことだろう。

「大泥棒の子分が親分に尋ねた。盗賊にも大義名分がござりますかと。親分が答えていった。あるとも、あるとも。いいか聞けよ——室中に蔵せし物をおしはかるのは聖、おのれまず室中に入るのは勇、しんがりに出ずるのは義、可か否かを知るのは智、獲物を分かつこと均しきは仁。この五者備わらずして大盗となる者は、天下にいまだないじゃろう」

泥棒でもこれだけの大義名分をつけるのだ。まして国を奪った権力者は、必ず仁義礼智の教えを借りて名分を飾りたてる。たとえば、他国に十年戦争を仕かけておいて、「世界の平和と自由のため」という名分をつければ、格好はつくのだし、「不実産業」という名の立ちぐされ工場が続々と作られようと、公害を海外でたれ流そうとも、「経済援助をいたしました」と開きなおれば、立派に筋は立つというわけだ。

「斗石を作りて量らんとせば、（権力者は）斗石をも併せてこれを窃み、権衡を作りて称らんとせば、権衡をも併せてこれを盗む。……仁義を定めて矯めんとせば、仁義をも併せてこれを盗む」

「鉤を窃む者は誅されるれども、国を窃む者は諸侯となる。諸侯の門にこそ、いわゆる仁義は存するものかや」（『荘子、胠篋篇』）

「大義名分」などというものは、力ある者が勝手に作り出す「屁理屈」にすぎない。とすると、それに手を貸す聖人の教えも教養とやらも、いな「文化」全体が、虚飾に奉仕する化けものに見えてくる。荘子をいまの世に出現させたら、おそらく「反近代文明」の闘士となったことだろう。

四　扁鵲、病を治す――漢方の元祖

玄鳥のうた

『詩経』をひもとくと、そのあとの部分に商頌と名づけられた五篇の詩がある。殷が滅亡したあと、「殷の頑民」（服従をこばむ人たち）の反抗に手をやいた周公は、彼らを懐柔することを考えた。殷の初期の都（いまの河南省商丘）あたりに宋という国を設けて殷の遺民を集め、そこでは従来の習慣を守ってもよい、殷（商）の祖先のお祭りをしてもよい――と定めたのである。この宋の国のお祭りのさい、殷の子孫たちが、かつての栄光をたたえた讃歌（ほぎ歌）が「商頌」である。そのなかの「玄鳥の歌」のはじめは、

「天は玄鳥に命じて、
　降りて商を生ましめたり。
　殷の土地を宅めぬ、
　芒芒と草むす中に」

と歌いおこしている。大むかしのこと、うら若いお姫さまが黄河下流の分かれ、済水

のほとりで水浴をしていた。春分とともにおとずれた玄鳥がふと卵を落とした。それをのみこんで生まれたのが、商の先祖である――という伝承があった。この詩に「玄鳥を降して商を生ましめた」とあるのは、そのことであろう。してみると、殷の人たちはたんに鳥に親しみ、鳥を愛しただけではない。みずからの血の中には、鳥の精気が流れているとさえ、思っていたのだろう。

① [illegible]―[illegible]→[illegible]→牙
[illegible]→[illegible]→邪

鳥のすぐれた精気といえば、まず何よりも自然の移りかわりを察知する、あの渡り鳥の知恵があげられる。自然の変化は四季の「風」に現れる。空気の流れ、気温・気圧の変化など、およそすべての大気のゆれうごく動きを「風」という。渡り鳥は、その風の変化をとらえて、南へ北へと行動を起こすのである。だから風に乗って去来する鳥を「鳳」と呼び、それは四季の暦を伝える「風」の使者であると考えた。春分に飛来し、秋分に去っていく玄鳥もまた、賢い風の使者なのである。殷の滅亡ののち五百年もたったころ、山東に残っていた殷人部族の酋長が、

「むかし殷人は鳥を紀(しるし)とし、鳥の名をもて、官に名づけたり。鳳鳥氏は暦を司り、玄鳥氏は春分・秋分を司る」(『春秋左氏伝』)

とのべたのは、この古いトーテム信仰を伝えたものであった。

風邪は万病のもと

ところで漢方医学の古典では、やはり大気の動きを「風」と呼んでいる。人間はこの「風」の中に生活しているのだが、気圧や温度・湿度などに急激な変化があると、人体がそれに対応できず、バランスが崩れてヒズミが生じる。それを風の邪(ひずみ)、つまり「風邪」と呼ぶのである。いち早くそれを調整すればよいが、うっかり放置していると、ひずみは体内へ、奥へと進行する。「風邪は万病のもと」とはその意味である。だから一刻も早くそのひずみを発見して、あるいは暖め、あるいは冷やし、按摩(アンマ)によってもみほぐし、針と灸(キュウ)とによって自律神経に刺激を与えて、人体の自律調節の作用をとり戻さなければならない。漢方医学はこの基本線の上に発達したものだ。それはつまり「風」の予防医学なのである。してみると、風の動きをいち早く察知して、それに対応するという鳥の知恵は、まさに医学の原点だと言わねばなるまい。

「風は百病の始めなり。清静ならば、肉腠(ニクソウ)(肌と肉)閉拒して、大風苛毒(カドク)ありといえども、これを害する能(あた)わず。これ、時の序に因(よ)ればなり」(『黄帝素問、生気通天論第三』）

「風は外より入り、人をして振寒し汗出で、頭痛み、身重く、悪感（オカン）せしむ」（『黄帝素問、骨空論第六十』）

さて邪とは、正常に連接せずして、「型と乚型とが、チグハグに喰い違ったさまを意味する。ふつう自然界においては、陰陽の調整が保たれ、｜｜または＝という形に整合しているわけだが、時あって急変を起こすと、「乚型に喰い違うわけだ。これが風邪である。

牙は、枒（乚型と「型を喰い込ませるはめこみ細工）の原字である。犬歯はチグハグに喰い違う歯であるから牙という。牙はまた互とも同系である。互の楷書の字体を見ても、これが乚型と「型のかみ合わせであることがわかろう。両方から「たがいに」かみ合うという方向へ意味が傾いていって相互の互の意となった。

名医は鳥の化身

中国の名医といえば、まず扁鵲（ヘンジャク）の名が浮かんでくる。漢の高祖が敵の毒矢にあたって倒れたとき、「命はすなわち天にあり、扁鵲といえども、なすことなきのみ」とうめいて亡（な）くなったそうだ。扁鵲は伝説上の名医の典型であった。

司馬遷は『史記』の中に「扁鵲列伝」を書き残している。それによれば、扁鵲は渤

扁鵲治病の図

海の人、名は秦越人といった。斉から趙に来たとき、趙国の実力者である趙簡子が人事不省におちいった。あわてる家人どもに向かって「ご主人の魂だけが天上に遊んでいるのじゃ、五日もたてば戻ってくる」と事もなげに扁鵲が予言した。じじつ患者は、五日後に正気に戻ったそうである。

だがこの話、いささか怪談めいている。だいいち「秦越人」という名は、西北の秦と東南の越との両国の名を合わせたもので、珍妙な作り名である。じつは「扁鵲」とは扁扁（ヘンペン）（ひらひら）と羽ばたく鵲（かささぎ）ということである。むかし、さる名医が各地を回って病気を治した、という物語の主人公に、扁鵲という名をふりあてたにすぎないのである。

近ごろ山東省の微山県から四つの画像石が発見された（中国の雑誌「文物」七二年六月）。なんと、鳥が手に針をもって、病人に治療をしているではないか。この鳥こそは扁鵲なのである。この画が描かれた紀元二世紀のころ、山東の人民の間には、医師の元祖は鳥であり、風の使いである――という素朴な信仰が、なお息づいていたものとみえる。といえば、漢方では石ばり(のちには金属の針を使う。今日では糸のように細いが、むかしはもっと太かった)で刺して汚血をとり除いたものだが、あの針の形さえ、鳥のくちばしをまねたものに見えてくるではないか。

それから二千年、鳥が病をなおすという信仰はとっくに消え去った。だが今日でも、中国の人びとはカササギが鳴くと「よい事があるぞ」と顔をほころばせる。この鳥を「喜鵲(シイチユエ)」と呼び、難儀をときほぐしてくれる幸せの使者だとみなしているのだ。恋人を待つ娘にも、息子の帰りを待つ親にも「喜鵲」はうれしい前ぶれなのである。伝承の根は、なんと深くかつ長いものではないか。

漢方の理想――真人

漢方では、人体を自然に適応させて天寿を全うする人を「真人」という。中国において、無欲、淡白を志したのは、老子、荘子、列子などである。漢方でもまた、飲食や喜怒哀楽をおさえて、天地の動きに人体を合わせようとする。両者間には、明らかにつながりがあるといってよい。まず、『黄帝素問』に現れる真人の姿を紹介してみよう。

真人　上古に真人あり。天地を提挈(テイケイ)し、陰陽を把握し、精気を呼吸し、独立して神を守り、肌肉一のごとし。(至人は省略) その次に聖人なるものあり。天地の和に処(お)り、八風の理に従い、嗜欲を世俗の間に適せしめ、恚嗔(ケイテン)(とげとげしいいかり)の心なし……外には形を労せず、内には思想の患いなし。恬淡(テンタン)をもって務めとなし、自得をもって功となす。形体敝せず、精神散ぜず。また百をもって(年を)数うべし。

ここに「真人」「聖人」の姿を描いたが、要するにそれは、天地自然の変化に順応し、心と体との無理をさけて、ストレスによる消耗をなくする人の姿である。

②　→ 真

真とは塡や顚の原字であって、空虚な所がないように、さかさにつめて、いっぱいにしたことを意味する。「真実」という熟語は「架空」の反対で、真も実も、内容のいっぱいつまった意味である。『老子』に「建徳(丈夫な素質)は偸(ぬけ)たるがごとく、質真(充実したさま)は渝(ぬけ)たるがごとし」(第四一章)とある。また「これを身に修むれば、その徳すなわち真(み)つ(充実する)。これを家に修むれば、その徳すなわち余る」

（第五四章）ともある。真という考えは、ここに由来する。

五　健康とバランス

漢方の古典

今日残る漢方の最も基本的な古典は、『黄帝内経素問』『黄帝内経霊枢』の二つの書で、前者はおもに、漢方の生理学と病理学をのべたもの、後者はおもに臨床の書である。ともに「黄帝」と弟子の問答の形で展開されている。儒家が堯(ギョウ)・舜(シュン)をもちあげ、墨子が禹(ウ)を模範とした向こうを張って、「黄帝」を漢方の元祖にまつりあげたのであった。漢方の書は、秦の始皇帝のときにも「焚(フン)書」の厄を免れた。『素問』は、秦のころに医者の間で伝承されていたいろいろな内容を、前漢のころにまとめたものであろう。それにもれた部分、およびツボの所在、針(＝鍼(シン))の刺し方、対症療法など、後に追加された知恵を、唐代にまとめたのが『霊枢』である。

『素問』には、まず天地自然の風に対して、人間がどう対処するかの原則をのべている。

「○春の三月(つき)を「発陳」という。天地ともに生じ万物の栄える時である。人は夜おそく臥(ふ)せ早く起き、庭を広く歩き、髪をばらし体を緩め、生に志し、予(あた)えて奪うなかれ。

○夏の三月は「蕃秀（＝繁秀）」という。天地の気は交わり、万物は花さき実る時である。人は夜おそく臥せ早く起き、日光をいとうてはならず、怒る（ストレス）ことなく、気を洩らせて外に在ることを愛め。

○秋の三月は「容平」という。天の気は急り、地の気は明るい時である。早く臥せ早く起き、鶏とともに興きたち、神気を収斂し、志を外にむけず、肺の気を清らかにせよ。

○冬の三月を「閉蔵」という。水はこおり地は（乾いて）坼ける。早く臥せ晩く起き、日光のさし出るまで待つようにせよ。志を伏するごとく匿すごとくし、寒を避け温に就き、皮膚を洩らすことなく、急に生気を奪られてはならない」（「四気調神大論」）

これが養生の基本である。

人体は大自然の中に投げ出された一つの小宇宙であって、それ自体がまとまりを保とうとしている。そのバランスを破るのは、一つは外界から波及するショックであり、もう一つは人体の中から起きる不安定である。

「それ邪の生ずるや、あるいは陰より生じ、あるいは陽より生ず。その陽より生ずるものは、これを風雨寒暑より得るなり。その陰より生ずるものは、これを飲食・居処・陰陽・喜怒より得るなり」（『素問、調経論第六十二』）

だから、外気・飲食と精神状態の両面にわたって、つねに安定したバランスがとれておれば、邪気は生じえない。暴食を慎み、悪い物や刺激の特に強い物を食べず、五味を按配して片寄った食生活をしない。また喜怒哀楽に引きずられて精神のバランスを失うような極端な心的ショックを避ける。これは飲食起居に関する保健の心構えである。漢方の無欲安静という思想は、ここから起こっている。

邪気の進み方

人間の健康は、つねに人体を外界に適応させ、同時に人体自身のもつバランスを保つことによって維持される。人体は衛気のもつ自律作用によって守られている。だから「邪気が体内に入る」という表現は、ヴィールスや細菌が侵入するようなこととは解しないほうがよい。外界の気温・湿度・気圧等々の急激な「ひずみ」が、人体の自律作用に対してもひずみを与える。そのアンバランスが次つぎと体内に波及して行くことと解すべきである。つまり邪気の進行とは、「ひずみ」の波及のことなのである。

ひずみ　「それ風雨の人を傷つくるや、まず皮膚に客し、伝わりて孫脈（ごく細い脈）に入る。孫脈満つれば、伝わりて絡脈に入る。絡脈満つれば、大経脈に輸る。血気と邪気と、分腠（皮膚）の間に客するときはその脈、堅く大なり」

これによると、外部からの邪気（ひずみ）は、皮膚↓孫脈（ごく細い脈）↓絡脈（連絡をとる脈）↓経脈（大すじ、たてすじの脈）↓内臓の順序に、しだいに奥へ奥へと波及するわけである。そこで、漢方の治療の眼目は、この波及するひずみを途中で抑止して、少しでも早くアンバランスを解消する——という点に注がれる。平素の保健は、バランスを保つことを主とするのであるし、邪気の侵入という非常事態にさいしては、そのアンバランスを早く解き散らす手段がとられなければならない。漢方の基本精神は、あくまでもバランスという一点にしぼられる——といってよい。

穴位——いわゆるツボ

そこで、いよいよ漢方の針および灸による治療個所が問題となる。全身に分布する治療点は三六五か所、そのおのおのに名がついている。それぞれの穴位（ツボ）は、全身に行きわたる十二の系統（十二経脈）に応じて分布している。

参考のため、背骨の両わきにある穴位（治癒点）の図だけを、掲げておこう。

臓腑の知識——人体解剖

中国人は、古くからヒツジやウシを食べているので、哺乳類（ほにゅう）の体内のもようを心得てはいたが、そのまま人体を類推することはむずかしい。『霊枢』をみると、

「それ八尺の士(おとこ)ならば、皮肉ここに在り。外より度量すべく、切循(セツジュン)（肌によりそうて手を当ててみる）して、これを得(う)。その死するや、解剖してこれを視(み)るべし」（「経水第一二」）

とのべている。死体を解剖して、実際に体内を観察したことが明らかである。臓は精力や活力をしまいこみ、腑は栄養の源となる食物（穀、または糟粕(ソウハク)と呼ばれている）を貯える。五臓六腑の内容は、『素問』の中の諸篇によって、多少の異同があるが、だいたい次の諸器官をいう。

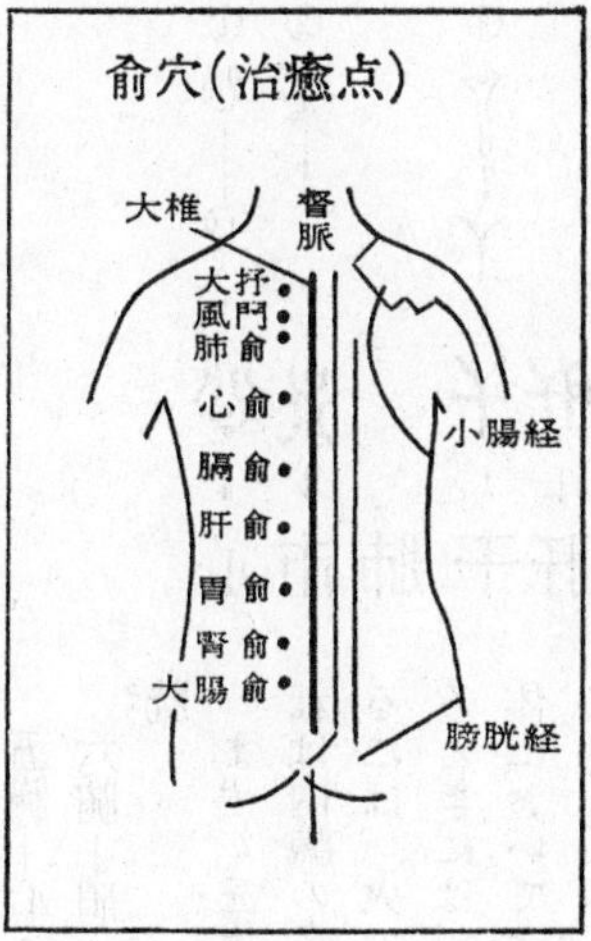

兪穴（治癒点）

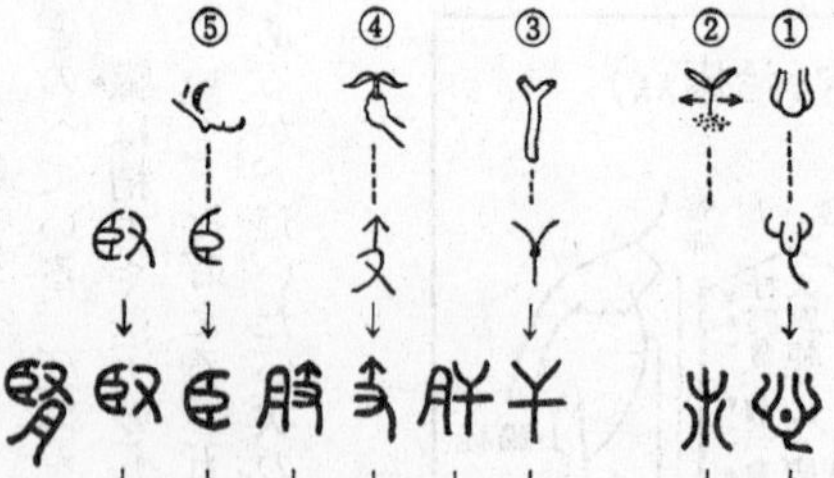

①心
②市　肺
③干　肝
④支　肢
⑤臣　臤　腎

五臓―心・肺・肝・腎・脾（または胆）

六腑―胆（または脾）・胃・大腸・小腸・三焦（ショウ）・膀胱（ボウコウ）

まず「三焦」というのが、臍（へそ）のあたりにあるが、これは内臓の名ではない。たとえば、肉から脂（あぶら）を抽出するには、火で熱して焦（あぶ）り出す。卵からエキスを抽出するときには、熱でチリチリといためてしぼり出す。人体においては、食物が消化器に入り、それが蒸溜されて熱を出すエキスとなる。そのエキスを漢方では「味」（栄養素）という。この食物→蒸溜精製→味という作用を「焦」と呼んだのである。

心　心はハート型の心臓の象形文字であるが、シンということばは沁（シン）（細いすきまに入る）―浸（シン）（同）―滲（シン）（細いすきまにしみこむ）と同系で、心臓から出た血液が、細い脈を通って、全身のすみずみまで「しみ通る」ことに着目した命名である。

肺　肺は、「沛然（はいぜん）と」と形容する沛（パッと左右に飛び散る）に近い。右側は市(シ)ではなくて巿(ハイ)であり、草の芽が地を押し分けて出るさまを示す。したがって発（ひらく）や撥(ハツ)（払いのける）とも近い。肺がパッパッと閉鎖を押し分けて呼吸するそのさまに着目したもので、撥(ハツ)*puat — 肺pɪuad → pɪuʌi（ハイ）は、上古の語形がきわめて近い。

肝　肝は干（太い幹）と同系である。「十干十二支」において干(みき)—支(えだ)（幹—枝）が対応して用いられるように、人体においては、肝—肢（手足）が対応する。手足は人体の枝にたとえて肢(シ)という。漢方では、肝臓が、筋力や精神の緊張と弛緩を支配すると考える。『素問』に見える「怒は肝を破る」という文句は、持続的な精神緊張が、肝に悪い影響を及ぼすことを説いたものである。

腎　腎(ジン)は臣(シン)と同系の語である。⑤に示すように、臣とは……うつ伏せた人の目の形を描いた字である。主君の前で体をこわばらせ、平伏するのが臣下であり、その体はコチコチに緊張している。臣は上古 gien —中古 dʒiěn（ジン）と変化したことばで、その古い語形 gien は、緊張の緊 kien や、堅固の堅 ken と同系であった。してみると、腎とは「肉づき＋音符臤(ケン)」から成る字で、もともと体を緊張させる内臓のことである。腎臓病になると、体がぐったり疲れて、緊張がとけてしまう。反対に腎臓が丈夫だと、精力が盛んで、全身が張りきってくる。その働きに注目して、漢方ではこれを「作強の官」（体を張りきらせる役）といっている。

脾　脾は卑（薄く平ら）と同系である。動物の脾臓は、「百葉」と俗称されるように、薄く平らにへばりついている。他の器官に裨益（くっつく）して存在する点に着目した命名である。

胆　胆はもと膽と書いた。負担の担（もと擔）と同系で、重くズッシリとのしかかる意を含む。しかし他面では淡白の淡とも同系である。淡とはたんに「うすい」意ではなくて、じつは精製されたエキスであるから、質的にはきわめて重い。胆は全身の中心にあって鎮座する。胆が安定すれば全身も重みをもって安定する。いわば人体の重しであろう。

腸　腸は、長（ながい）や暢（のびのび）と同系で、いうまでもなく、その長い姿に着目した命名である。

膀胱　膀胱の膀は、膨張の膨と同系で、パンパンに張ること、胱は広（中がからでガランとひろい）と同系である。袋状をしているその形に名づけたものである。

六　士と民

奴隷から農民へ

大衆の「衆」という字は「太陽＋人人人」から成っており、炎天のもとで働く奴隷の群れを表している。また、人民の「民」という字は、「目を鋭い針で突いて盲目にしたさま」を表しており、後世の眠(ミン)(目が見えない状態)の字の原字である。それは役畜の代わりをさせられた盲目の奴隷のことであった。

ところが鉄の農具が使われだすと、奴隷のうち才覚のある者が自力で荒地を開き、豪族の私民となって、奴隷の身分から解放される。いっぽう、周の貴族の末端からあぶれ出た次男坊・三男坊が、郷村に住みついて小荘園を営み、あるいは遊士となって職を求めてまわるようになってくる。殷周いらいの貴族―奴隷という体制が崩れて、荘園豪士が自立し、そのもとで農家が自家耕作を行なうようになってきた。それは十世紀の平将門の時代より千五百年も古いのだが、状況ははなはだよく似ているといってよかろう。日本では、坂東(ばんどう)に入りこんだ開拓移民が自家耕作を始め、京都の貴族社会からあぶれ出た者どもが移住して荘園を開き、そして王侯貴族に対して造反するようになったのであった。孔子・孟子のころの中国でも、まさに「下剋上」の転換期がおとずれて、各地に強力な在郷の豪族が興り、周の王室も旧領主も、名ばかりの存在と化しつつあった。変革の時代を迎えて、「諸子百家」と呼ばれるさまざまの思想（人間論と政治論を含む）が咲き乱れ、まさに「天下大動乱」といわれる情勢となった。

税のおこり

中国で初めて「税」ということばが登場するのは、ずいぶん古いことである。『春秋』という歴史の書に、「魯の宣公十五年（紀元前五九四年）初めて畝に税す」とあるのがそれである。この記事について『春秋穀梁伝』が次の解説を加えている。

「古には、三百歩（四百五メートル）四方を里となし、名づけて井田という。井田は九百畝、公田はその一を占む。初めて畝に税すとは、公田をやめて、畝（私田）を履みて税することを譏るなり」

というのである。ここにいう「井田制」とは、約四百メートル四方の田畑を田型に九つに区切り、中央の百畝を公田とし、そのまわりの各百畝を八農家があずかる。そして八軒で中央の公田を耕して公家に納める（それを藉と呼んだ）というやり方である。だが「井田制」などという制度が上古に実在したとは、とうてい考えられない。「井田制」は、儒家の徒が、古代に実在したかのように宣伝した夢物語であって、その最も熱心な唱導者はかの孟子であった。のち遊牧人の北魏（ホクギ）が、四世紀末に今日の華北、山西省に侵入し、大同に「平城京」という都を構えたとき、付近の荒地に漢人を分住させて「均田制」を行なったことがある。それはこの「井田制」の伝承を見ならったものであった。

また七世紀に唐が全国を統一した初めに、内戦によって軍閥や土豪の勢力が壊滅したすきをねらって、土地の公有を建前と定め、「均田制」を行なおうとした。日本の大和王朝は「大化の改新」によって「全国の私田を公田となす」と宣言したのち、北魏や唐の均田制にならって、口分田を農奴に分け与えようと試みた。こうしたことは、未開の原野がたくさんある状況でならともかく、土地私有の形が固まっているところでは、とうてい不可能である。中国でも日本でも、しばらくのちには有名無実となってしまった。

では「初めて畝に税す」とは、いったいなんのことであろうか。中国では、紀元前七世紀に入ると、王朝貴族およびその同族の末流である卿（ケイ）・大夫・士という階層が、それぞれ領地の奴隷をこき使うという体制がくずれてきた。農具の改良や畜力の利用にともなって、土地の開墾が進み、今まで奴隷として使われていた者のうち、才覚のある者が自力で耕地を開き、なかば自立した農家となりはじめたからである。領主はもはや、農奴を直接働かすことができない。直接に使役するよりも、むしろかってに農耕をさせておき、その収穫の一部（実際は約半分）を取りあげたほうがはるかに能率がよい。今までの直接収奪をやめて、間接収奪に切り換えた——それが「初めて畝（私田）に税す」という記事の示す実態なのである。

① →衆

② →民

　 眠→眠

③ →兌

　 税→税

そこで「税」ということばの意味が明白となってくる。この字の左側は、イネ科の作物がみのって穂を垂れた姿である。大切なのはその右側の「兌」という部分である。兄弟の「兄」とは、大きい頭の下に二本の足をそえた字で「一人のおとな」を表した字である。

「兌」という字は「八印（左右にはぎとるようす）＋兄（おとな）」から成る字で、大の男から、右に左にと着物をはぎとることを表している。つまり脱衣の脱（ぬぎとる、ぬがせる）の原字であるといってよい。セミが殻を脱ぐのを蛻（ゼイ・タイ）というが、これも身につけたものを「はぐ、ぬぐ」という意味である。

本題に戻ろう。「税」とは「禾（みのった作物）＋兌（はぎとる）」から成る字である。農民が汗水たらしてみのらせた作物を、むりやりにはぎとるのが「税」ということばの本義である。はっきり表現すれば、まさに収穫を「うばいとる」ことなのである。

士と民の差別

さて、「士」となって領主国王の代わりに人民から税を取り立て、自分たちの喰い扶持（ブチ）を入手するのが、学問を修めた人間（遊士をも含めて）の特権であった。

孔子は、くずれゆく旧貴族の奴隷支配と身分格差に、郷愁を抱いた人であった。彼は「東周の昔」にあこがれ、旧体制に反抗する者を「乱臣賊子」と罵（ののし）った。孔子はまた、書を読む知識人「士」と、生産に従事する「民」とをはっきり区別した。士は「任重くして道遠し」という自覚をもつべきエリートであり、「学んで優なれば、すなわち仕う」というように、社会の支配者として仕官する予備軍である。士（シ）—仕（シ）は同系語である。それに対して、「民は知らしむべからず」「民を使うに時をもってす」とあるように、眠れるごとく無知であり、つねに使役されるのが「民」であった。

④　↓↓士↓士

「士」と「民」を差別する点では、孟子も孔子と同じである。孟子は晩年に、今の山東省、滕（トウ）文公の食客となっていた。そこへ南の楚（ソ）の国から許行という老人が門徒をつれ、クワをかついでやってきた。そして文公にむかって「あの荒れた河敷を貸していただけまいか」と申し入れた。二年三年とたつうち、河敷はみごとな農園となっていく。それをみて儒家の門徒が一人二人と許行先生の門下に移っていった。苦（にが）りきっている孟子のもとへ、ある日かつての儒家の徒が立ち寄った。

孟子「おぬしたちは、食物はどうしておるか」

旧門人「すべて額（ひたい）に汗して自給しています」

孟子「着る物はどうじゃな」

旧門人「ワラで帽子と草鞋（わらじ）を編み、アサとクズの皮とで衣服を作っています」

孟子「では鉄のクワやナベ・カマは？」

旧門人「それは、我らの取り入れた作物を市場に運び、交換して手に入れまする」

孟子「それみよ。世には分業があり、分業のおかげで文明は進歩するものじゃ」

孟子はさらにことばをついでいいきった。「心を労する者は人を治め、力を労する者は人に治められる（労心者治人、労力者治於人）。これが世の中、どこにも通じる義（けじめ）というものじゃ。士たる者がその本分をさしおいて労働するようでは、世を治める者がいなくなろうぞ」

知的労働が高尚であり、肉体労働はいやしい。知識人がエリートとして、働く人民の上に君臨するのが当然だと孟子はいうのである。孟子いらい二千余年、それが通念となって今日にいたった。中国だけではなく、儒家の教えを踏まえた日本でも、江戸時代には「武士」が百姓・町人の上に君臨し、明治・大正いらい、エリート知識人すなわち「学士」さまが官途につき、大衆を支配するのが当然だと考えられてきた。今日にいたってもなお、誰もがホワイトカラーを上等の職業とみなし、ブルーカラーを蔑視しがちである。一九六六年いらいの中国の、「文化大革命」は、この通念を打破することを目ざした変革であった。「幹部も大学生も農村へ下れ、ふつうの労働者となれ」。両者の限界を縮めるために、いろいろな改革が試みられた。文化大革命の行く手には、やがて知識人と人民大衆の差別のない社会がありそうな幻想がちらついた。

だが生活の実際は、尻が重い。変革が勇み足に走ると、人間はつい専門の学業を軽視し、技術そのものを否定することになりやすい。経験の積み重ねと基礎理論の勉強までがよけいなこととみなされては、教育はストップし、生産の現場は混乱する。近代までの積み重ねを踏まえず、近代そのものを一切否定してしまっては、今日の世は成り立たない。政治とは、ほんとにむずかしいものである。

七　公と私

せち辛い世の中

前漢の末、平帝のころ（紀元後二年）の人口統計が『漢書、地理志』にのっている。なんとそれは五九五九万四九七八人という、おびただしい数である。行商人や無籍者（亡命者という）を加えた実際の人口は、六千万をかなり上回るだろう。西暦紀元のころ、これほどの人口を擁した国家は、他のどこにもない。

これだけの人口を食べさせるのは、容易なことではない。

唐の最盛期といわれる玄宗の開元十三年（七二五年）に、戸部（内務省）の報告した人口統計は、五二八八万余であった（『旧唐書』）。漢代よりむしろ減っているのは、三国六朝いらいの内戦によって、人口の伸びが押さえられたからである。近世に入って、農業技術の向上と、トウモロコシやサツマイモなどの外来農産物が紹介されたためであろうか、明代中ごろ、十五世紀の人口は約二億六千万となったという。清朝は（日本の江戸時代と同じように）、わりあいに大きな内戦が少なかったので、約四億にふくれあがった。そして一九四九年の革命当初は約六億、今日は十億に達してしまった。この大人口を養うためには、年間三億トン余の食糧が必要となる。他の部門を切りつめても、農業には最大の力を投入しなければならないし、あるていどは私を制限して、公を優先させなければならない。

荒れゆく山林

日本では「ふいご」のことをタタラといった。砂鉄を木炭で熱し、ふいごで熱を高める。江戸時代にもタタラ製鉄法がなお各地で行なわれていたが、よほど技法を改めてみても、木炭三トンを使って三日三晩、まっ黒に体を焦がしつつ燃やしつづけて、ようやく粗鉄一トンをとり出したという。三トンの木炭を得るには、たいそうな量の雑木を伐採しなければならない。日本のタタラ製鉄の発祥の地は、中国地方の山中であろうが、あの山地は雨と雪の量が多い。切っても切っても雑木が育ってくる。千年をへても禿げ山とならなかったのはひとえにそのおかげであろう。

紀元前四世紀といえば、中国で農具も鍋釜も、さかんに鉄で鋳造されるようになった時期である。当時の人、孟子は、こう嘆いている。

「牛山の木は、かつて美しかりき。その大国（斉の都、臨淄）に郊するをもっての故に、朝な夕なにこれを伐る。日月の照らすところ、雨露のうるおすところ、ひこ生えの生ずること、なきにしもあらず。されど、牛羊また従ってこれを食らう。ここをもって、かくのごとく濯々（タクタク）（洗いざらし）たるさまとはなりぬ」（「告子上篇」）

都市に近い山林がまず禿げ山と化し、やがて乱伐は郊野へ広がる。水もちが悪くなって空気が乾き、豪雨に見まわれると土砂が流れおちて洪水を起こす。こうして中国の華中から華北へと、しだいに大地が荒れていったのである。内戦のおさまった唐代においても、人口の伸びが意外に小さいのは、土地の荒廃がその極に近づいていたためであろう。

今に厚く古に薄し

孔子がいう「天」ということばは唯一の**人格神**ではなかった。だが「天、徳をわれに生ず」というように、天は特定の人物に使命を与えるものだという信仰は、『論語』『孟子』のいたるところにみえている。

これに対して、かつては異端者とされた荀子（ジュンシ）は、「天」とは「自然」をさすにすぎないといい、「天をたたえ、天に祈るよりは、時に乗じて自然を改造し利用するに越したことはない」と主張した。また「礼義」とは天の与えたきまりではなく、人間が長年の生活経験の中から作り出した社会的産物であり、自己規制の約束であるという。孔子や孟子の「唯心論」に対して、荀子ははっきり天の権威を否定して「唯物論」を打ち出したのであった。その門下から李斯（リシ）（始皇帝の宰相）と韓非子（カンピシ）の二人が現れた。

韓非子は、まず「世の中は発展するものだ」といって、儒家の復古主義を退ける。昔は人口が少なく、手づかみで魚も取れたであろう。だが人口はネズミ算的に増加するのに、中国の自然はきびしく、荒地の開墾や生産力の増加は、とてもそれには追いつけない。世の中がせち辛くなるのは、退廃ではなくて、発展の結果である、と彼は主張する。「厚古薄今」が儒家の特色であるのに対して、「厚今薄古（今に厚く、古に薄い）」というのが、韓非子の立場であった。

公と私

韓非子はいう、

「自ら環（かこ）むを私といい、私に背（そむ）くを公という。公～私のあい反することは、むかし蒼頡（ソウケツ）（文字の元祖）の書（もじ）を作りしとき、すでにこれを知りしなり」

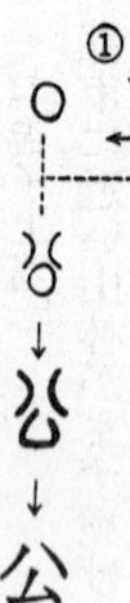

②

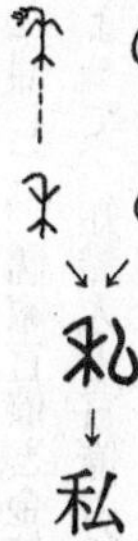

私

字形表に示すとおり、禾（収穫した作物）を厶型に囲いこむことを示したのが私という字である。厶型に囲って独占してはいけない、)(型に開けということを表すのが、公という字である。古くは公という字を「○（まるく囲む）＋)(」を合わせた形で書き表したが、その表そうとした意味は「八＋厶」の場合と同じであった。

生産が人口増加に追いつけず、物の絶対量が足りなければ、少数の特権者が物を囲いこみ、利益を独り占めすることは許されない。社会においては、物を産み出す農が「本業」であり、利潤をかせぐ商（と一部の工）は「末作」にすぎないから、まず「耕戦の民」を中心に据え、「商工の民」の金もうけを封じなければならない。とりわけ特権的な門閥・豪族・大地主などの富の専有を、きびしく法で取り締まるべきだ、空論をもてあそぶ学者や遊食の徒を追放すべきである、と韓非子は主張した。その考えは始皇帝を動かし、やがて宰相李斯（リシ）の手によって次つぎと実現された。それが「法家」の路線である。今日の状況について考えてみると、日本の土地は限られている。これ以上ふやすことができない。不動産業者や投機屋が広大な土地を私有したのでは、庶民は三十坪の土地も入手できない。土地の独占を禁止し、私有面積を制限するのが、当面の急務であろう。公〜私の論は、今日でもそのまま生きているのである。

法家の政策は、前漢の武帝のころ、桑弘羊(ソウコウヨウ)らによってさらに具体化された。塩と製鉄とで大もうけした塩商や製鉄業者をおさえて、塩と鉄の国営化を断行し、また大地主や豪族に重税を課して、その農地を没収した。そのとき、迷信に近いほど天命を重視した儒家の董仲舒(トウチュウジョ)らが「春秋災異の説（伝統に反した政治には、天罰が降(くだ)るという説）」をふりかざして、法家に反撃を加えた。彼は法家を「刀筆の吏（書記、現場の下級役人）」とののしり、儒教を国の教えとして大学で講習し、その仲間から官吏を選ぶことを主張し、武帝を動かしてそれを認めさせた。都には大学が設けられ、儒教は国家教学の位置を占めることとなった。いらい儒家の「天命論」と儒家知識人の「特権意識」とが、官僚組織の中にはびこることとなった。

その後、九世紀には韓愈(カンユ)と柳宗元、十一世紀には王安石と司馬温公、十六世紀には当時の朱子学派と李卓吾……らの間に、儒家と法家の鋭い対立がくり返された。しかし、いつでも法家の改革、国家による統制は、実務役人（吏という）の腐敗によって失敗に帰して、儒家官僚と金持のいばる世に逆戻りしている。その歴史を見なおすことによって、知識人と官僚の特権が、人民を犠牲にして護持されたことが、今さらのように浮き上がってくる。隋の文帝が官吏を登用するため「科挙」の試験制度を設けてから、唐・宋・元・明のころには、「科挙」に合格して官途につくことが、知識人最高の出世コースと定まってきた。むかしの士～民という差別は、今や官～民という差別に塗りかえられた。武人を採用する「武挙」という試験制度を設けたこともあったが、「武挙」は「科挙」に圧倒されて影がうすい。武人はいつも文官の下に立たされ、非常の時にだけ、にわかに日のめをみるという立場に置かれた。中国の文官優位の伝統は長いが、文官が腐敗すると必ず武人のクーデターが起こった。その武人たちは、かならず農民の一揆(いっき)をチャンスとして、日ごろの不満を爆発させたのであった。

八　文と武

文官はしばしば商人や土地の金持と組んで私腹をこやしがちである。そして中央と地方とを問わず、たがいに仲間をつくっては悪事を隠しあう。中には「清廉(セイレン)」の名の高い文官もいるが、彼らとて行政官のポストについたばあいには、各地方の実情に暗く、だいいち中国の方言なまりがひどくて下情に通じる手だてがない。いきおいその土地育ちで読み書きの達者な者を「吏」に取立てて徴税や割当てに当たらせる。じっさいに吏と民との間で、どんなやりとりが行なわれたかは、責任ある官の耳にははいらない。収奪ばかりが重なって、政権そのものが腐ってくると「世直し」がおこる。その主役は、冷たい飯をたべて追い使われた武官兵卒たちであることも時にはあるが、多くは重圧にたえかねた農民の一揆（起義(チイイイ)という）が口火を切り、それに流罪者くずれの将兵が合流するのである。武という字は、弋（武器）＋止（＝趾、あしのこと）を合わせて、人が武器をもって前進することを表したもので、「ほこを止める→戦いを抑止する」などという奇妙な意味ではない（これは『春秋左氏伝』宣公十二年の条にみえるこじつけである）。

一国の中における武とは、世直しをねらう荒あらしい前進、すなわち「革命」のことである。中国の歴史の流れを変えた農民の武装蜂起は、大きなものだけを拾うと次の九回であるが、小さい規模のものは数かぎりもなかった。

(1)秦から漢への間、紀元前三世紀の陳勝と呉広のひきいる農民一揆。これはやがて楚の武将項羽と、漢の高祖劉邦とによって横取りされて、その結果、漢王朝が出現した。

(2)前漢の末、王莽が政権をとったときに起こった緑林軍（今の湖北省）と赤眉軍（今の山東省）の一揆。これは劉氏の名をつぐ豪族劉更始と劉秀とに利用されて、やがて後漢王朝（劉秀すなわち光武帝）が出現した。

(3)黄巾の一揆。後漢の後半、梁冀一族は公租の半分にもあたる収入を私物と化し、外戚梁氏一族と権力を取り合った宦官たちの収奪もひどいものであった。河北の道士張角が一八四年に農民を集めて一揆を起こし、黄色い頭巾をしるしとして今の河北・河南を席捲した。しかし時の大豪族董卓や将軍皇甫嵩らに敗れて、九か月で四散した。そのあと、河南の豪族曹操一族が魏王朝を建てることとなった。

(4)隋末の瓦崗軍。隋の煬帝は運河を開き、朝鮮に兵を出して多くの農民を徴用した。河南の翟譲（小吏の出身）は六一一年郷里の韋城瓦崗山で一揆を起こし、河南の豪族李密、河北の竇建徳らの協力をえて六一七年、洛陽東方の官倉の米を奪ってふるい立ち、洛陽金墉城を占領した。しかし李密はのち李淵（すなわち唐の高祖）

としめし合わせて翟譲を殺し、やがて天下は唐王朝の手に帰することとなった。

(5)唐末の黄巣一揆。唐の末、山東の黄巣と王仙之（ともに塩の行商人）が一揆を起こして「沖天」「均平」をスローガンとした。黄巣の唱えた詩にいう。

待到秋来九月八　我花開後百花殺
沖天香陣透長安　満城尽帯黄金甲

唐の僖宗は、なんどか王仙之を買収しようとしたが成功せず、黄巣軍は今の河南省を抑え、一転して南の江西、浙江方面へと進み、華南にも姿を見せた。八七九年秋には鋒先を北に向け、翌年に洛陽と長安とを占領した。唐の僖宗はいったん四川に逃げたが、沙陀族の李克用の応援を求めて八八三年、ようやく長安をとり戻した。しかしこれを機として唐王朝は衰亡の一途をたどり、「五代」という乱世を迎えることとなる。黄巣は平等を要求した政治運動の最初である。

(6)宋末の方臘一揆。方臘は浙江省のマニ教徒で、禁酒と互助とを旨として人びとを集め、一一二〇年秋に一揆を起こして、江南を席捲し、年末には杭州に入った。宋の徽宗は童貫を派遣して方臘を郷里に追いつめて殺した。ほぼ同時に山東の梁山泊にたてこもった宋江らも兵をあげ、いち時は今の山東・河北両省に転戦したが、一一二二年に江蘇で敗れて四散した。この乱に手を焼いた宋王朝は、北方から来る遼（契丹）と金（女真）の圧力に屈し、やがて江南に都を遷して南宋王朝となった。

(7)元末の紅巾（コウキン）軍。一三五一年、山東の白蓮教徒である韓山童・劉福通（リュウフクツウ）らは、黄河治水に駆り出された農民をひきいて、紅（あか）い布をしるしとして紅巾軍をおこした。韓の戦死した後にも、紅巾軍は元朝モンゴル貴族の配下となって重税を取立てる役人や地主を襲い、一三五五年には安徽に小政権をうち建てた。元の也先（イェセン）チムールが鎮圧に向かったが敗退した。このようすを見た安徽の農民朱元璋（シュゲンショウ）は白蓮教徒を糾合して南京を陥（おと）し、やがて紅巾軍との戦いに疲れた元王朝の都、北京へ兵をさし向けて、一三六八年、明王朝を建てた。

(8)明末の李自成。李自成は陝西省米脂県の貧農で、血へどを吐くほど地主に痛められてのち徴用されて、甘粛省で兵役に服していたが、一六二九年、部隊が北京へ戻る途中、陝西の楡巾（ユチユウ）まで来たときに飢えにたえかねた兵卒をひきい、将軍を殺して反乱をおこした。その後、陝西・河南に進んで「十三家・七十二営」と号する大部隊にふくれあがった。李自成は「闖将（チンショウ）」と呼ばれて統領となり、明の崇禎（スウテイ）帝の派遣した洪承疇（コウショウチュウ）の大軍と、一六三八年四川北部および潼関（ドウカン）で会戦して敗れ、いち時は陝西の山中に潜んだ。しかし一六四一年には、また大軍を集めて開封で明の軍に戦い勝ち、一六四四年正月に北京を囲んで、三日のち崇禎帝を皇宮うらの景山に追いこんで自殺させた。しかし、満州族と組んだ呉三桂に不意をつかれて北京を放棄し、翌年李自成は湖北で戦死した。この戦いは蜂起いらい二十年の長きに及んだ。

⑼清朝中ごろの太平天国。一八四〇年に英軍が広東で清朝軍を屈服させたあと、世界の列強は争って利権を手に入れようとし、中国は「半植民地」と化しはじめた。とりわけ英国は中国の銀と綿花とを買い集め、代償としてアヘンを押しつけたため、人民は窮乏の底にあえいでいた。洪秀全は広東省花県の中農の生まれで、一八四三年「拝上帝会」を結成し、とりわけ儒家と迷信の残した古き束縛を攻撃し、五一年に広西省金田で一揆を起こした。その軍を「太平軍」と名づけ、「有田同耕、有飯同吃」と唱え、やがて「天朝田畝制度」を公布して土地を均分し、自家用食料の外はすべて公用と定めた。その平等主義が厳密に執行されたわけではないが、地主や土豪は色を失い、貧農は勢いづいて結集し、五三年には武昌を陥(おと)し、ついで南京を占領して「太平天国」と名のる政権をたてた。清朝の咸豊(カンポウ)皇帝は必死になって太平天国軍の北伐を喰い止めるいっぽう、湖南・安徽などの地方豪族に郷勇（自衛隊）を編成させ、一八五六年、南京を囲んだ。そのころ太平軍の中の内紛が激化してその一部が離反した。また上海に地盤を固めつつあった米・英・仏の諸国は、洋式部隊をつぎこんで太平軍に反撃を加え、曾国藩は郷勇をひきいて安徽省の安慶を降し、形勢ふるわぬ中に、一八六四年、洪秀全が死亡して、

十三年にわたる反乱は幕をとじた。ただし太平天国は、政治思想を核心に据えた農民運動の最初のものであった。

毛沢東は、近代の中国を「半封建、半植民地」の国であると明言する。そして農民は、官僚地主の牛耳る「政権」、郷村長老の支配する「族権」、上は天帝より下はもろもろの迷信精霊にいたる旧き観念のもつ「神権」（農村婦女にとっては、さらに男子のもつ「夫権」）の四つのわくに束縛されて、身動きもならぬ圧制のもとに置かれていることを指摘した。土地の九割を、ひとつまみの地主官僚軍閥の手に握られて、おびただしい貧農は牛馬にも及ばぬ生活を強いられている。「世直しは農村から」というのが毛沢東の発想であった。

いっぽう王陽明の左派をつぐ人たちは、明末から中国の「礼教」が人間を束縛することに反抗して、心性解放ののろしを挙げたが、清朝政府は、陽明学はもちろん、朱子学までも弾圧して政治思想を抑えにかかった。清末に知識人の間から、旧体制を打倒する運動がふたたび興ってきたが、それは唯心論に流れて根が浅かった。

一九一一年の武昌起義にいたって、政治の体制を改めるという現実の課題が政治の主流となり、「辛亥革命」をむかえた。一九一九年、「五・四運動」が起こるに及んで、「人を食う礼教」に反対し、「孔家店」を打倒すること、それを足がかりとして西欧近代の文化や思想を吸収する時代が始まった。なかでも魯迅は中国の旧文化の重圧を、草の根から掘りおこすような作風によって、「文学革命」の先頭に立った。

九　毛沢東の発想

湖南と江西のふたつの省の境に、井岡山(セイコウ)という周囲二五〇キロの山塊がある。千数百メートルの山やまに囲まれた山間盆地にかなりの田畑があり、樹木も水も豊かであった。毛沢東のひきいる紅軍（赤軍）は、一九二七年の秋いらい、この山村地帯に根拠地をかまえていたが、蔣介石(ショウカイセキ)軍の包囲を受けて激戦をくり返したのち、一九三四年の秋、約十万の部隊が包囲を破って西へと向かった。毛沢東、周恩来らに率いられた第一方面軍は、金沙江を渡り、大雪山を越え、最後の力をふりしぼって西康省の草原を突破し、翌一九三五年の秋、とうとう陝西省の西端に出た。賀竜の率いる第二方面軍も、貴州・雲南・四川の三省を迂回(うかい)して毛沢東の軍と合流した。延安は陝西省北部の荒れはてた丘陵のさなかにある。毛沢東は一九三六年からここに根拠地を構えて、いらい十年にわたる日中戦争の間、紅軍の指揮をとりつつ減租政策を手がけ、華北華中の被占領地農村に多くの拠点を築いていった。また『周易』や王陽明の残した中国的表現をこなして『矛盾論』『実践論』などを延安洞穴の中で書きあげた。

日中戦争が終わり日本が敗退したあと、蔣介石軍は三百五十万（かなりの米式装備をそなえていた）、紅軍は民兵を含めて百二十万であったが、「人民の物は針一本たりとも取らない」という紅軍の規律は民衆の信頼をとりつけた。また、その翌年、毛沢東は減租から土地解放へと政策を進めて「耕者有其田」を実現するため、大地主や寺院・教会などの土地を没収した。こうして広い農民の支持をとりつけた結果、わずか数年のうちに蔣介石軍を北から南へと追撃して、一九四九年十月一日、中華人民共和国が誕生した。血なまぐさい内戦を短期間に収拾しえたのは、毛沢東の卓越した指導のたまものであった。

農民と食糧の確保を中心にすえる――という毛沢東の考えは、三千年らいの中国政治思想の伝統をついだものである。一九四七年、土地解放の『大綱』が発表されたが、それによるとまず農民を富農―中農―下層中農―貧農に大別する。そして「貧・下中農」の団結した力によって、富農から自作農地を越えた田畑を取りあげ、寺領や不在地主の土地を没収し、それを「貧・下中農」に分配しようとした。このころはなお農民の土地所有を認めることを前提とした。また政治的自覚の遅れた所では、政策の実施を減租減息の段階にとどめ、左に寄りすぎることを避けながら、華北東北などの進んだ地区からまず土地解放に着手したのであった。

ところが中国の農民の人口はあまりにも多い。かつ水の乏しい荒れ地や山間区がいたる所に広がっている。革命ののち、土地解放は急速に進みはじめたが、いざ土地を分配してみると、農民が喜んだのは束の間のことで、じっさいには食べていけない。

自作農の養成をめざそうという派と、集団農耕に移行しなければ農村の再建はむずかしいという毛沢東の考えとは鋭く対立したが、実状は後者の正しいことを証明した。こうして、次のような段階をへながら、集団経営はしだいに規模をひろげ、まず農村が社会主義化へと歩み出したのである。

㈠一九五一年から互助組――五戸でも十戸でもよい。日本の字ていどの農家が分配された土地を出し合って共同で耕作し分配する。

㈡一九五二年から政府の食糧買上げを実施。一九五四年ごろから初級合作社――規模を村落ていどにひろげ、人力と資力とを活用して農地を拡大し水利工事を起こす。また消費合作社（農村の売店や農具肥料の購入にあたる）も開く。ただし分配にさいしては、働いた日に対する報酬と提供した土地の広さとをともに勘案する。この点では、土地私有の跡を残しているので、提供地の少なかった貧・下中農が損をする。

㈢一九五六年ごろから、高級合作社――規模は近くの村落いくつかを合併した大きさとなる。提供した土地の比率は、報酬の計算には加えない。土地・役牛（馬）・農耕機など、すべて合作社の所有となる。住居と農具は個人のものである。五六年、全国の農民の九六％が合作社に加入し「社員」となった。今までは「貧・下中農」を中心として中農をそれに加えて社会化を推進してきたが、ここで富農をも社員に加入させることとなった。

㈣一九五八年から人民公社——規模は旧来の県—区—郷—村の行政組織にあてはめると、区または郷ていどの広さとなる。したがって学校・医療所・敬老院などの行政上の仕事も担当する。人力と資力がふえたため、大規模な土地改良、農具の修理や農産物加工のために工場を建てることができるようになった。このころ山間僻地の農村でも、自前で小型の発電所を造ることが流行した。

毛沢東のリードした人民公社運動は、集団化の色あいの強いもので、「自留地」における自家経営は制限された。その方針は個人的な生産と副業とを抑えたため、農民の生産意欲を鈍らせるきらいはあったものの、多くの人力を動員して大規模な農地改造を実現する効果をあげた。いっぽう、鉄道鉱山や大工場などはいちはやく国営化されたが、中小の企業については、「公私合営」という形がとられ、従来の経営者の権利を残したまま、利潤を限定して経営を続けさせ、しだいに統合して集団経営にもっていくという方針が取られた。革命当初の十年は、ソ連の援助のもとで、比較的安定した国造りが進められた。「労に応じて分配する」(按労分配)は、なお長期にわたって行なわれるべきだという認識は、この段階では確認されていた。

しかし、レーニンは、次のようにのべている。

「共産主義の高度の段階で、すなわち、分業のもとへの個人の奴隷的従属が消滅し、それとともにまた、精神労働と肉体労働との対立が消滅したのち、労働がたんに生きるための手段たることをやめて、それ自体第一の生活欲求となったのち、個人の全面的な発展にともなって生産力も増大して、協同体的富のすべての泉があふれるほどに湧き出るようになったのち──そのときはじめて、ブルジョア的権利の狭い視野をふみこえることができ、社会はその旗にこう書くことができるであろう──『各人はその能力に応じて、各人にはその欲望に応じて！』」（『国家と革命』　レーニン　岩波版）

この最後のスローガンを、中国では「按需分配」と訳する。これはレーニンがことわっているとおり、「共産主義社会の高度の段階」についての話であり、「生産力が増大して富の泉があふれるほど湧き出るようになったのち」のことである。それまでは、分業によって生じる知識人（役人、学者、技術者、管理者）～肉体労働者（労働者や農民漁民）の間の差別は残る。中国在来のことばで言い表せば、「士と民」の差別（第六節参照）は残らざるをえない（レーニンのいうブルジョア的権利、中国でいう資本主義法権とは、そのことである）。

ところが、農村出身で農民革命の発想をついだ毛沢東には、どちらかといえば「反近代的」なところがあった。また農村の作業には、質的な違いが少ないから、分配の均等化をはかりやすい。人民公社の収穫にゆとりがあれば、「按需分配」を公社の中で部分的に実施することも不可能ではない。しかし近代工業には、管理職と現場、技術者と工員の間の分業がいちじるしく、各人の働きに質的な違いがある。それを評価して分配するのが「按労分配」という考えである。毛沢東は、ソ連型の社会主義が、しだいに官僚技術者～人民の二極に分かれた「官僚主義」に流れていくことに強い懸念をいだいた。とりわけ、中国の官僚制は秦の始皇帝いらい二千三百年の厚みをもつから、その根はしぶとい。こうして毛沢東とソ連型の近代化を志した党内合理主義者との鋭い対立が、一九六〇年代にはいると、しだいに表面に現れてきた。一九六六年（そのころ毛沢東は実務から退いていた）、「司令部を砲撃せよ」「造反有理」というスローガンによって「文化大革命」のあらしがまきおこったが、それには毛沢東がレーニンのかかげた未来像に強く引きずられた形跡がある。当時の生産の実態は、「富が湧き出る」ような状態には、はるかに遠かったのである。またレーニンは「人民がすべてを運営する社会となったあかつきには、知識人や技術者は、従来にも増して喜んで人民のために働くであろう」との主旨をくり返し強調している（前掲書）。しかし、「人民服務」といかに毛沢東が叫んでも、文革下の知識人や技術者は、心の底に流れる不満を抑えきれなかった。「士」の自尊心（うぬぼれ）は、それほど強いものである。毛沢東の凄絶（せいぜつ）な最期は、理想家の失意と焦燥の姿を存分に現している。世に稀な革命家は、かならずしもすぐれた行政家ではありえない。十億の人民は、いかに教育しても、かならずしもすべてが私をすてて公に捧げる「聖人」とはなりえなかったようである（第七節参照）。人の世とはなんとむずかしいものであろうか。このことを日本の左翼の人びとによく考えてもらいたい。

あとがき

この書は、一九八一年にＮＨＫ教養講座で放送した「漢字文化の世界」をもとにして、大幅に内容を充実させたものである。

近ごろは学問の分野が細かくわかれて、個々の専門については進歩したけれども、ひろく中国の文明史を概括するような読み物がほとんど姿を消した。日中の国交が回復してから、わが国の中国に寄せる関心が日ましに高まっているが、それに応えうる一般的な書物がないことは、まことに残念であった。

本書の中で、私はまず中国の伝説について異色ある考えを示し、中国に住む多くの少数民族の源流を説いた。ついでかぞえ方やはかり方の由来を説き、器物、農業、工芸、織物から製紙、印刷に及ぶまで、おもに物の歴史を説くにつとめた。さいごに社会の発展と思想の展開に目を向け、各思想家の特色をきわ立たせて解きあかし、ひいては現代中国のかかえる重大な諸問題を指摘した。問題の源流は、すでに二千余年前の古典に明白に現れている。この一冊によって、中国のみならず、アジアの漢字文化圏の歴史を概観することができると思う。

発掘物については、中国の雑誌「文物」「考古」を参照したが、いちいち出所を注記する煩わしさを避けたので、ここに一括して謝意を表する。

藤堂明保

一九八二年三月記

本書は、一九八二年に角川選書として刊行されました。
文庫化にあたり「付記」を割愛しています。

漢字文化の世界

藤堂明保

令和2年 3月25日 初版発行
令和6年 12月5日 5版発行

発行者●山下直久

発行●株式会社KADOKAWA
〒102-8177 東京都千代田区富士見2-13-3
電話 0570-002-301(ナビダイヤル)

角川文庫 22107

印刷所●株式会社KADOKAWA
製本所●株式会社KADOKAWA

表紙画●和田三造

ISBN 978-4-04-400577-1 C0122

角川文庫発刊に際して

角川源義

第二次世界大戦の敗北は、軍事力の敗北であった以上に、私たちの若い文化力の敗退であった。私たちの文化が戦争に対して如何に無力であり、単なるあだ花に過ぎなかったかを、私たちは身を以て体験し痛感した。西洋近代文化の摂取にとって、明治以後八十年の歳月は決して短かすぎたとは言えない。にもかかわらず、近代文化の伝統を確立し、自由な批判と柔軟な良識に富む文化層として自らを形成することに私たちは失敗して来た。そしてこれは、各層への文化の普及滲透を任務とする出版人の責任でもあった。

一九四五年以来、私たちは再び振出しに戻り、第一歩から踏み出すことを余儀なくされた。これは大きな不幸ではあるが、反面、これまでの混沌・未熟・歪曲の中にあった我が国の文化に秩序と確たる基礎を齎らすためには絶好の機会でもある。角川書店は、このような祖国の文化的危機にあたり、微力をも顧みず再建の礎石たるべき抱負と決意とをもって出発したが、ここに創立以来の念願を果すべく角川文庫を発刊する。これまで刊行されたあらゆる全集叢書文庫類の長所と短所とを検討し、古今東西の不朽の典籍を、良心的編集のもとに、廉価に、そして書架にふさわしい美本として、多くのひとびとに提供しようとする。しかし私たちは徒らに百科全書的な知識のジレッタントを作ることを目的とせず、あくまで祖国の文化に秩序と再建への道を示し、この文庫を角川書店の栄ある事業として、今後永久に継続発展せしめ、学芸と教養との殿堂として大成せんことを期したい。多くの読書子の愛情ある忠言と支持とによって、この希望と抱負とを完遂せしめられんことを願う。

一九四九年五月三日

角川ソフィア文庫ベストセラー

論語
ビギナーズ・クラシックス 中国の古典
加地伸行

孔子が残した言葉には、いつの時代にも共通する「人としての生きかた」の基本理念が凝縮され、現代人にも多くの知恵と勇気を与えてくれる。はじめて中国古典にふれる人に最適。中学生から読める論語入門！

老子・荘子
ビギナーズ・クラシックス 中国の古典
野村茂夫

老荘思想は、儒教と並ぶもう一つの中国思想。「上善は水のごとし」「大器晩成」「胡蝶の夢」など、人生を豊かにする親しみやすい言葉と、ユーモアに満ちた寓話を楽しみながら、無為自然に生きる知恵を学ぶ。

韓非子
ビギナーズ・クラシックス 中国の古典
西川靖二

「矛盾」「株を守る」などのエピソードを用いて法家の思想を説いた韓非。冷静ですぐれた政治思想と鋭い人間分析、君主の君主による君主のための支配を理想とする君主論は、現代のリーダーたちにも魅力たっぷり。

陶淵明
ビギナーズ・クラシックス 中国の古典
釜谷武志

自然と酒を愛し、日常生活の喜びや苦しみをこまやかに描く一方、「死」に対して揺れ動く自分の心を詠んだ田園詩人。「帰去来辞」や「桃花源記」ほかひとつ一つの詩を丁寧に味わい、詩人の心にふれる。

李白
ビギナーズ・クラシックス 中国の古典
筧久美子

大酒を飲みながら月を愛で、鳥と遊び、自由きままに旅を続けた李白。あけっぴろげで痛快な詩は、音読すれば耳にも心地よく、多くの民衆に愛されてきた。豪快奔放に生きた詩仙・李白の、浪漫の世界に遊ぶ。

角川ソフィア文庫ベストセラー

蒙求
ビギナーズ・クラシックス 中国の古典
今鷹 眞

「蛍火以照書」から「蛍の光、窓の雪」の歌が生まれ、「漱石枕流」は夏目漱石のペンネームの由来になった。礼節や忠義など不変の教養逸話も多く、日本でも多く読まれた子供向け歴史故実書から三一編を厳選。

白楽天
ビギナーズ・クラシックス 中国の古典
下定雅弘

日本文化に大きな影響を及ぼした白楽天。炭売り老人への憐憫や左遷地で見た雪景色を詠んだ代表作ほか、家族、四季の風物、酒、音楽などを題材とした情愛濃やかな詩を味わう。大詩人の詩と生涯を知る入門書。

十八史略
ビギナーズ・クラシックス 中国の古典
竹内弘行

中国の太古から南宋末までを簡潔に記した歴史書から、注目の人間ドラマをピックアップ。伝説あり、暴君あり、国を揺るがす美女の登場あり。日本人が好んで読んできた中国史の大筋が、わかった気になる入門書!

春秋左氏伝
ビギナーズ・クラシックス 中国の古典
安本 博

古代魯国史『春秋』の注釈書ながら、巧みな文章で人々を魅了し続けてきた『左氏伝』。「力のみで人を治めることはできない」「一端発した言葉に責任を持つ」など、生き方の指南本としても読める!

詩経・楚辞
ビギナーズ・クラシックス 中国の古典
牧角悦子

結婚して子供をたくさん産むことが最大の幸福であった古代の人々が、その喜びや悲しみをうたい、神々への祈りの歌として長く愛読してきた『詩経』と『楚辞』。中国最古の詩集を楽しむ一番やさしい入門書。

角川ソフィア文庫ベストセラー

菜根譚
ビギナーズ・クラシックス 中国の古典

湯浅邦弘

「一歩を譲る」「人にやさしく己に厳しく」など、人づきあいの極意、治世に応じた生き方、人間の器の磨き方を明快に説く、処世訓の最高傑作。わかりやすい現代語訳と解説で楽しむ、初心者にやさしい入門書。

孟子
ビギナーズ・クラシックス 中国の古典

佐野大介

論語とともに四書に数えられる儒教の必読書。人の上に立つ者ほど徳を身につけなければならないとする王道主義の教えと、「五十歩百歩」「私淑」などの故事成語の宝庫をやさしい現代語訳と解説で楽しむ入門書。

大学・中庸
ビギナーズ・クラシックス 中国の古典

矢羽野隆男

国家の指導者を目指す者たちの教訓書である『大学』。人間の本性とは何かを論じ、誠実を尽くせと説く『中庸』。わかりやすい現代語訳と丁寧な解説で、今の時代に生きる中国思想の教えを学ぶ、格好の入門書。

貞観政要
ビギナーズ・クラシックス 中国の古典

湯浅邦弘

中国四千年の歴史上、最も安定した唐の時代「貞観の治」を成した名君が、上司と部下の関係や、組織運営の妙を説く。現代のビジネスリーダーにも愛読者の多い、中国の叡智を記した名著の、最も易しい入門書！

呻吟語
ビギナーズ・クラシックス 中国の古典

湯浅邦弘

皇帝は求心力を失い、官僚は腐敗、世が混乱した明代末期。朱子学と陽明学をおさめた呂新吾が30年かけて綴った人生を諭す言葉。「過ちを認める勇気」「冷静沈着の大切さ」など、現代にも役立つ思想を説く。

角川ソフィア文庫ベストセラー

三国志演義 4
羅貫中
立間祥介＝訳

劉備の悲願を受け継いだ諸葛亮は「出師の表」を奉呈し北伐へ挑む。魏では司馬一族が実権を握り、晋によってついに天下は統一へ——。歴史超大作ここに完結！ NHK人形劇で人気を博した立間祥介訳で蘇る壮大なロマン！

中国小史 黄河の水
鳥山喜一

黄河流域の起源から現代まで、中国四〇〇〇年の歴史の動きを、その根底に流れる民族文化を見つめながら解き明かす。逸話や伝説も織り交ぜられた、子どもも大人もやさしく読める、中国史を一望できる名著。

中国古典の言葉
成功に近づくヒント106
加地伸行

「知者は惑わず、勇者は懼れず」（『論語』）、「大功を成す者は、衆に謀らず」（『戦国策』）——。時代を超えて生き続ける賢哲の英知を、著者ならではの絶妙な斬り口と、豊富なエピソードでわかりやすく紹介！

孔子
加地伸行

中国哲学史の泰斗が、孔子が悩み、考え、たどり着いた思想を、現代社会にも普遍的な問題としてとらえなおす。聖人君主としてだけではなく、徹底したリアリズムで、等身大の孔子像を描き出す待望の新版！

聖書物語
木崎さと子

キリスト教の正典「聖書」は、宗教書であり、良質の文学でもある。そのすべてを芥川賞作家が物語として再構成。天地創造、バベルの塔からイエスの生涯、そして黙示録まで、豊富な図版とともに読める一冊。

角川ソフィア文庫ベストセラー

古代研究Ⅱ 民俗学篇2

折口信夫

折口民俗学を代表する「信太妻の話」「翁の発生」など11篇を収録。折口が何より重視したフィールドワークの成果、そして国文学と芸能研究融合の萌芽が随所に息づく。新かなで読みやすいシリーズ第二弾。

古代研究Ⅲ 民俗学篇3

折口信夫

「鬼の話」「はちまきの話」「ごろつきの話」という折口学のアウトラインを概観できる三篇から始まる第三巻。柳田民俗学と一線を画す論も興味深い。天皇の即位儀礼に関する画期的論考「大嘗祭の本義」所収。

古代研究Ⅳ 民俗学篇4

折口信夫

霊魂、そして神について考察した「霊魂の話」や「河童の話」、折口古代学の核心に迫る「古代人の思考の基礎」など十三篇を収録。「折口学」の論理的根拠と手法について自ら分析・批判した追い書きも掲載。

古代研究Ⅴ 国文学篇1

折口信夫

決まった時期に来臨するまれびと（神）の言葉、「呪言」に国文学の発生をみた折口は、「民俗学的国文学研究」として国文学研究史上に新たな道を切り開いた。その核とも言える論文「国文学の発生」四篇を収録。

古代研究Ⅵ 国文学篇2

折口信夫

〈発生とその展開〉に関する、和歌史を主題とした具体論。「女房文学から隠者文学へ」「万葉びとの生活」など13篇を収録。貴重な全巻総索引付き最終巻。解説・折口信夫研究／長谷川政春、新版解説／安藤礼二

角川ソフィア文庫ベストセラー

千夜千冊エディション
本から本へ
松岡正剛
人間よりもひたすら本との交際を深めながら人生を送ってきた著者の本の読み方が惜しげもなく披露されている。「読み」の手法「本のしくみ」「物品としての本」。本と本好きへ贈る、知の巨人のオマージュ。

千夜千冊エディション
デザイン知
松岡正剛
意匠、建築、デザイン。人間の存在証明ともいえる知覚のしくみを表現の歴史からひもとき、さらには有名デザイナーの仕事ぶりまでを俯瞰。大工やその道具なども挟み込みつつ、デザインの根源にせまっていく。

千夜千冊エディション
文明の奥と底
松岡正剛
ヨブ記、モーセと一神教、黙示録、資本主義、飢餓、肥満。文明の奥底に横たわる闇とは。西洋文明から黄河、長江、そしてスキタイ、匈奴。人間の本質に迫る長大な文明論の数々をこの一冊で俯瞰する。

千夜千冊エディション
情報生命
松岡正剛
SF、遺伝子、意識……地球生命圏には、いまだ未知の情報生命があっても不思議はない。先人のさまざまな考察を生命の進化、ゲノムの不思議、意識の不可思議等々から、多角的に分析する。

千夜千冊エディション
少年の憂鬱
松岡正剛
失ったものを追いつつ、無謀な冒険に挑む絶対少年たち。長じた大人たちはそれをどのように振り返り、どんな物語にしていったのか。かつての妄想と葛藤を描いた名著・名作が、次から次へと案内される。

角川ソフィア文庫ベストセラー

千夜千冊エディション 面影日本

松岡正剛

『枕草子』、西行、定家、心敬などの日本を代表する文筆・詩歌や、浦島太郎や桃太郎などの昔話の不思議、枕詞や連歌のスキルなどから、日本の内外にうつろう面影を堪能する。キーワードは「常世」「鳥居」「正月」「翁」「稜威」。

千夜千冊エディション 理科の教室

松岡正剛

蝶、カブトムシ、化石、三葉虫、恐竜、電気。こどものときは大好きだった理科。いつのまに物理は苦手、とか言うようになったのか。かつて理科室でわくわくしていた文系人間がすらすら読める愉快な一冊！

千夜千冊エディション 感ビジネス

松岡正剛

グローバルな仕事のしくみを論じてから、感覚的にビジネスをとらえた本を厳選。仕事とはそもそもどういうものか。かつての合理主義を切り捨て、センスを重視した、仕事人すべてにとって気になる話題が満載。

千夜千冊エディション 芸と道

松岡正剛

日本の芸事は琵琶法師や世阿弥や説経節から始まった。そこから踊りも役者も落語も浪曲も派生した。世阿弥、円朝、森繁、山崎努……この一冊に、それぞれの道を極めた芸道名人たちの「間」が躍る。

千夜千冊エディション ことば漬

松岡正剛

ことばは言い回しによって標語にも逆説にも反論にも暴力にもなる。和歌、俳句、辞典、国語、言語、レトリック……あらゆる角度から「ことば」に取り組んだ先人たちの足跡から、ことばの魔力に迫る。